민주주의

민주주의

역사, 형식, 이론

북캠퍼스
지식 포디움
시리즈 01

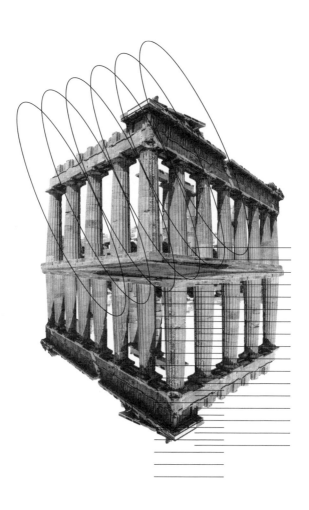

DEMOKRATIE

Geschichte, Formen, Theorien

한스 포어랜더 지음 | 나종석 옮김

민주주의는 개선 행진 중일까?

민주주의의 시대는 1989, 90년에야 진정으로 시작된 듯 보였다. 사회주의와 공산주의 정권이 붕괴되고 민주주의는 개가를 불렀다. 서구의 자유민주주의 모델은 체제 경쟁에서 경쟁자를 물리친 듯 보였으며 많은 이들이 보기에 이데올로기적 논쟁의 '역사의 종말'을 예고하는 듯 했다. 현실 사회주의 독재가 종식되면서 나치즘, 파시즘, 공산주의와 같이 20세기를 "극단의 시대"(홉스봄)로 만든 역사적 대안은 이제 존재하지 않았다. 그러나 민주주의의 개선 행진은 멈출 수 없었다. 민주주의 정부 형태는 몇 차례의 물결 속에서 반대자들에 맞서 승리한 것처럼 보였다.

첫 번째 민주화 물결은 1820년대에 시작되었다. 이

는 남성에 대한 보통선거권의 확장을 거치며 1926년까지 지속되었으며, 29개 민주주의국가의 건설로 이어졌다. 이탈리아에서 무솔리니 집권은 민주국가의 수를 다시 12개국으로 줄였던 퇴보의 시작과 결합된 것이었다. 그러나 제2차 세계대전에서 연합국이 승리함으로써 두 번째 민주화 물결이 일었고 이는 다시 1960년대 36개 민주주의국가로 이어졌다. 마지막 세 번째 민주화 물결은 1970년대 전반에 시작되었다. 1974년부터 1990년까지 약 30개국이 민주적 통치 형태로 이행했다. 이후 민주화 물결은 더욱 커졌으며, 몇몇 연구자들은 1990년에 약 76개국이, 21세기 초에는 약 120개국이 민주주의국가라고 추산한다.

　하지만 이 같은 양상은 최근 퇴색되었다. 이집트, 튀니지, 리비아, 모로코 같은 나라들에서도 예전의 독재국가나 권위적 국가에서 이뤄졌던 민주적 변혁이 일어날 수 있다는 '아랍의 봄'과 함께 찾아왔던 희망은 곧 실망으로 바뀌었다. 동부와 중부 유럽 국가들에서 많은 민주화 과정이 다시 멈추거나 새로운 권위적 정부 형태로 대체되었다. 게다가 오랜 민주주의의 역사와 겉보기에 안정된 제도적 구조들로 '공고하다'고 할 수 있었던 민주국가들도 엄청난 도전에 노출된 듯 보인다. 포퓰리즘 운동이 국가의 대의제 헌법의 중심 메커니즘에 의문을 제기하고 있으며 시민들은 제도와 정당으로부터 신뢰를 거두어들이고 있다. 소셜 미디어나 공공 토론에서는 거친 말들이 쏟아지고 있으며 증오나 분노, 비방이 정치적 합의와 결정을 점점 더 어렵게 만들고 있다. 사회는 양극화되었고 민주국가는 압박받고 있다. 위기 현상들은 민주주의 정치체제의 정당성에 의문을 제기하고 있다.

바이마르공화국의 해체와 같은 20세기 민주주의의 위기는 민주주의가 얼마나 위태로웠는지를 보여주었다. 대안적, 전제적, 권위주의적, 독재적 정권의 역사적 경험은 민주주의가 취약할뿐더러 논란의 대상이라는 점을 입증한다. 또한 민주주의의 결함이나 결함 있는 민주국가에 관한 이야기는 민주주의가 학술적 분석에서뿐만 아니라 정치적, 논쟁적 토론에서 상이한 척도들로 측정될 수 있음을 보여준다. 민주주의의 이상적 형상과 체험된 현실은 매우 드물게 일치하거나 거의 일치하지 않을 수 있다. 모든 현실 민주주의는 '진정한' 민주주의의 배후에 머물러 있다. 18, 19세기 민주주의 원칙의 확립 과정은 매우 완만했으며 많은 갈등을 빚었다. 이는 민주주의가 가장 많은 전제를 필요로 하는 정치 질서 형태라는 점을 명확히 해준다.

정치사상의 전통에서 민주주의만큼이나 논란의 여지가 많은 개념은 거의 없다. 이는 무엇보다도 민주주의가 단순히 경험적 또는 서술적 개념으로만 머물지 않고 계속해서 규범적 이상을 고쳐 써왔다는 데 그 원인이 있다. 어떤 의미에서 민주주의는 오늘날까지 정치 투쟁 개념으로 남아 있다. 많은 상이한 정치적 조류들, 무엇보다도 자유주의, 보수주의, 사회주의가 민주주의를 언급하며 민주주의의 결함을 확인하고 더 많은 민주주의를 요청하거나 과도한 민주주의와 거리를 두어왔다. 그리스 민주주의는 서서히 형성된 정치적 관행으로 200년간 놀라울 정도로 안정적으로 유지되었다. 그 관행이 오래 지속될수록 철학자들의 비판도 거세졌다. 투키디데스의 《펠로폰네소스전쟁사》에 실린 페리클레스의 추도사로 우리에게 전해진 것과 같은 민주주의 찬가는 곧바로 정치철학을 정립한 플라톤의 탁월한 비판을 마주하게 되었다. 플라톤에 따르면 아티케 민주주의가 그토록 위대했을지언정 소크라테스 한 사람도 감내하지 못했다. 아티케 민주주의는 소크라테스에게 사형을 선고했다.

민주주의를 고안한 것도 공격한 것도 아테나이인들이었다. 그 후 수 세기 동안 민주주의는 부정적 함의만을 내포하게 되었고 불안정한 정부와 정체 형태로 여겨져 다른 정체, 즉 군주정이나 귀족정이 들어서게 되었다. 무엇보다도 민주주의가 '천민의 지배', 즉 비천한 인민과 빈민의 지배로 폄하되었던 데 그 원인이 있었다. 인민은 '데모스demos'라는 단어의 의미 중 하나다. 데모스는 인민뿐만 아니라 정치 공동체 안에서 행위하고 상의하고 결정하는 시민의 총체를 뜻하기도 했다. 민주주의는 자유로우며 평등한 사람들이 지배하는 것, 즉 크라테인kratein을 의미했다. 이에 따라 자유롭고 평등한 시민 모두가 정부와 관계했다. 아리스토텔레스에 따르면 민주주의는 "모두가 각자를 지배하며 각자가 교대로 모두를 지배하는 것"을 의미하기도 했다.

아테나이에서 다수에 의한 지배, 즉 데모크라티아demokratia가 발전했다. 로마에는 이에 견줄 만한 체제가 없었다. 인민이 높은 지분을 정당하게 갖기는 했지만 로마공화정은 귀족들이 지배했다. 하지만 민주주의라는 개념은 본래 의미와 함께 근대, 특히 18세기 북아메리카와 프랑스에서 혁명의 시대가 되어서야 다시 부상한다. 그 사이 공화국 개념은 중세 말과 이탈리아 르네상스 시기에 중부 유럽과 독일의 도시국가들에서 시민 자치의 형태를 가리키는 것으로 존재했다. 중세 말 철학에서도 합의, 즉 지배와 정부에 대한 동의의 사상이 점점 더 큰 역할을 했다. 하지만 정치적 결정 과정에 전체 인민이 포괄적으로 참여하고 전체 시민이 정치적 지배를 정당화한다는 의미의 민주주의 개념은 루소를 시작으로 18세기의 혁명을 거치며 비로소 긍정적 의미를 얻었고 이후 상당한 정치적 역동성도 얻었다. 민주주의는 이제 인민의 지배, 무엇보다도 인민주권으로서 이해되었고 그로부터 전체 정치 공동체가 구성되고 정당화되어야 했다. 인민의 자기 자신에 대한 지배는 입법과 헌법 제정으로 표현되었다. 인민은 스스로 법과 집행기관을 만들었다. 미국의 혁명가 토머스 페인은 민주주의를 "인민에 의한, 인민의, 인민을 위한 정부"라고 표현했고 그로부터 100년 후 에이브러햄 링컨이 이를 받아들였다. 말하자면 그것은 인민에게서 나온 정부, 인민을 통해 정당화된 정부, 인민을 위해 실행하는 정부를 의미했다.

포괄적이고 긍정적인 민주주의 개념이 다시 도입되었지만 그 실제 구현에 있어 답을 주기보다 더 많은 의문을 품게 했다. 인민의 지배는 어떻게 조직되어야 할까? 모든 시민의 포괄적 참여는 언제나 그리고 어느 분야에서건 보장되어야 할까? 결정이 얼마나 민주적이었는지 어떻게 측정할 수 있을까? 한마디로 민주주의로 불리기 위해서 민주주의는 얼마나 민주적이어야 하는가? 정당성과 효율성, 제도적 구조, 정치적 참여, 형식적 절차와 내용적 결정 등의 구조적 문제들이 민주주의의 내용뿐만 아니라 민주적 질서의 구체적 형태와 실천을 결정했다. 직접적이며 급진적인 민주주의 모델인 집회 민주주의는 아테나이에서 전해진 것이었다. 그러나 근대 영토국가가 공간적으로 크게 팽창함에 따라 오늘날의 세계화 논쟁과 같은 민주주의의 변형 문제가 제기되었다. 모든 시민과 모든 계층 그리고 남녀 양성兩性의 포함 역시보장되어야 했다. 이는 18, 19세기에 부분적이지만 새로운 민주주의의 발견으로 이어졌다. 이후 그것은 간접적 대의 민주주의로 조직화되었다. 그리고 동시에 고대로부터 제기되어온 오래된 문제가 근대에 새롭고도 더욱 시급하게 떠올랐다. 민주주의란 모든 시민이 정치의 심의, 결정, 집행 과정에 포괄적으로 참여해야 함을 의미하는가? 말하자면 모든 이는 아니더라도 최대한 많은 이를 포괄하는 참여가 보장되어야 하는가? 아니면 민주주의에서도 정치가 분업적으로 수행될 수 있어서 일부 소수가 협의하고 결정하면 인민은 선거일에 그리고 몇몇 사안에 대한 주민 투표에서 간간이 그 참여를 표명하게 되는 것일까? 아리스토텔레스는 귀족정과 민주정이라는 두 가지 정체 형태를 포착하고 이상적 정체로서 혼합정체를 제시했는데, 이것이 이제 한편의 엘리트 민주주의와 다른 한편의 대중민주주의라는 문제로 나타났다. 이에 대한 해결책은 광범위한 참여가 가능한 민주주의 체계를 고안하는 데서 찾을 수 있었다. 비록 그같은 참여가 항상 전제될 수는 없었고 때로는 환영받지도 못했지만 말이다. 정치 엘리트들은 시민의 대표로서 심의와 결정을 위임받지만 강력한 여론에 의해 통제되며 유권자들에 매여 있다. 사람들은 이 모델을 자유민주주의라고 불러왔다. 자유민주주의는 대의제와 공공성을 기반으로 하는 민주주의로서 입헌 국가와 관계되며 기본권과 인권을 준수한다. 그리고 권력분립을 실천하고 인민주권과 소수자 보호의 사상에 부응할 수 있다. 그런데도 민주주의는 대의제적 특성과 직접 민주주의적, 국민투표적 특성 사이의 긴장 속에서 발전하고 유지될 수밖에 없었다. 직접민주주의와 간접적 대의 민주주의 사이에는 자유와 평등, 다수와 소수, 시민의 참여와 정치적 무관심이라는 현대 민주주의국가들의 구조적 문제들이 놓여 있기 때문이다. 순수한 '선거 민주주의'는 민주주의의 최소치로 정의되며 민주주의 범위의 한쪽 끝을 표시한다. 흔히 급진적이라 일컬어지는 직접민주주의는 다른 쪽 끝일 것이다. 그것이 세워진 곳에서 민주주의는 이쪽저쪽을 오가며 항상 이 양극 사이에서 움직인다. 민주주의가 언제나 승리해왔다고는 결코 말할 수 없으며 오늘날에도 그렇다. 민주주의는 항상 위협받고 도전받았으며 늘 쟁취되고 유지되어야만 했다. 이는 민주주의 역사의 시초에도, 그리스에서도 마찬가지였다.

차례

1. 민주주의의 생성

아티케 왕 테세우스는 테바이의 전령으로부터 테바이 왕 크레온의 전언을 누구에게 전달해야 하느냐는 질문을 받는다. "누가 이 나라의 독재자요?"[이하 〈탄원하는 여인들〉 인용은 《에우리피데스 비극 전집 1》(천병희 옮김, 도서출판 숲, 2018)을 따랐다.-옮긴이] 그러자 테세우스는 아테나이에 대한 찬가를 부르기 시작했다.

도시에 독재자보다 더 해로운 것은 아무것도 없네.
무엇보다도 그런 도시에서는 공공의 법이 없고,
한 사람이 법을 독차지하여 자신을 위해 통치를 하기
때문일세. 그리고 그것은 이미 평등이 아닐세.
하지만 일단 법이 성문화되면 힘없는 자나
부자나 동등한 권리를 갖게 된다네.
그러면 부유한 시민이 나쁜 짓을 할 경우

힘없는 자가 비판을 할 수 있으며,

약자도 옳으면 강자를 이길 수 있다네.

자유란 이런 것일세. "누가 도시에 유익한 안건을

갖고 있어 공론에 부치기를 원하십니까?"

원하는 자는 이름을 날리고, 원치 않는 자는 침묵하면

된다네. 도시에 이보다 더한 평등이 어디 있겠는가?

이는 에우리피데스의 비극 〈탄원하는 여인들〉(BC 424)
에서 나오는 테세우스의 웅변이다. 테세우스의 연설에
는 법 앞에서 평등, 자유로운 연설의 권리, 공동 심의,
성문법 등 아테나이 민주주의의 토대가 언급되어 있다.
테바이 전령은 아테나이의 상황에 놀란다. 이러한 놀라
움은 특히 전령이 항변하며 군주정에 대한 찬가를 부를
때 드러난다.

(…) 나를 보낸 도시에서는 군중이 아니라

단 한 사람에 의해 통치권이 행사되며, 허튼소리로

우롱하며 순전히 제 이익을 위해 도시를 때로는 이리로,

저리로 끌고 다니는 자는 아무도 없으니까요.

(…) 제대로 연설도 할 줄 모르는 주제에

백성들이 어떻게 도시를 바르게 다스릴 수 있겠어요?

지식이란 단기간이 아니라 오랜 경험에서 얻어지는

것이지요. 설사 가난한 농부가 멍청한 바보는

아니라 하더라도 일에 쫓기다 보면 정치에

주의를 기울일 수가 없지요. (…)

　에우리피데스는 테바이 전령을 민주주의 비판의 대변자로 삼았다. 인민은 '천민'으로, 민주주의는 선동가와 수다꾼들의 행사로, 평범한 사람은 정치할 능력이 없는 존재로 만들었다. 하지만 아테나이에 거의 200년 동안 정상적으로 작동하는 민주주의가 있었다는 사실은 테바이인의 몰이해로 바뀌지 않는다.

　아테나이에서 민주정, 즉 데모크라티아demokratia는 인민demos이 폴리스에서 권력kratos을 보유하는 정체 형태를 뜻했다. 이는 인민이 입법, 정부, 통제, 사법 권한을 온전히 행사했다는 의미다. 인민만이 법과 명령을 제정했다. 인민은 관리를 선출하고 추첨으로 선출된 관리를 통제했다. 인민은 공무 집행을 감시하고 재판관을 임명했다. 따라서 아테나이의 민주주의는 인민에 의한 직접적이고 즉각적인 지배 체제였다. 남성 시민 모두가 참여했고 가난한 사람과 부유한 사람을 구분하지 않았다. 아테나이 민주주의는 시민의 참여가 그 특징인데, 그 참여의 정도는 전무후무한 것이었다.

클레이스테네스는 개혁(BC 508, 507)을 통해 아테나이 민주주의를 확립한다. 그리고 아테나이는 두 차례에 걸친 페르시아의 침공(BC 490, BC 480)을 물리치며 민주주의의 황금기를 맞는다. 이는 무엇보다도 페리클레스라는 이름과 관계된다. 펠로폰네소스전쟁(BC 431~404) 동안 민주정의 위기들이 나타났지만 그 위기들은 과두정의 중간기를 거친 후 극복될 수 있었다. 민주정은 다시 새롭게 수립되었고 대략 기원전 323년까지의 데모스테네스 시대에 새로운 개화기를 체험했다. 알렉산드로스 대왕의 사후 아티케 민주주의의 고전기는 막을 내린다.

데모크라티아

클레이스테네스가 개혁에 나선 기원전 508년에서부터 이른바 라미아 전쟁에서 패한 기원전 322년까지 아테나이 정체가 데모크라티아였다고 해도 '민주주의' 개념에 대한 최초의 증언은 기원전 5세기의 마지막 1/3분기가 되어서야 발견된다. 가장 오래된 사료는 헤로도토스의 글이다. 기원전 430년 무렵 헤로도토스는 아테나이에 데모크라티아를 도입한 사람은 클레이스테네스라고 확실히 말했다. 기원전 411년 아테나이 민회는 하나의 명령을 의결했는데 거기서 클레이스테네스는 민주주의의 아버지로 불렸다. 이렇게 데모크라티아는 오랫동안 실행된 후에야 비교적 늦게 개념으로서 등장한다. 데모크라티아 개념은 오랫동안 알려지지 않았던 것으로 보인다. 주로 통용된 용어는 이소노미아isonomia(시민의 동등한 권리), 이세고리아isegoria(각 시민이 동등하게 발언할 수 있는 권리), 이소크라티아isokratia(지배의 동등한 분할)다. 이는 폭정과 귀족 사회에 똑같이 거리를 둔 새로운 민주적 질서에서 평등이라는 개념이 무엇보다 중요했음을 보여준다. 그리하여 기원전 401년과 기원전 336년의 폭정에 반대하는 두 법령에서도 데모크라티아의 폐지에 대해 추방이라는 처벌이 결정되었다. 기원전 336년에 공표된 법령을 새긴 기념비 상단에는 데모크라티아 여신이 데모스를 대표하는 수염을 기른 남성에게 화관을 씌워주는 모습이 부조되어 있다.

데모크라티아는 상징적으로 표현되었을 뿐만 아니라 뒤늦게나마 컬트적 숭배와 확신의 대상이 되기도 했다. 그리하여 기원전 333년 500인 회의는 시장이자 집회 광장인 아고라에 데모크라티아 여신상을 설치하기로 결의했다. 여신상 아래 비문에 따르면 스트라테고스strategos, 즉 장군들이 여신에게 매년 제물을 바쳐야 했다. 비극과 희극에서도 헤로도토스의 《역사》에서와 마찬가지로 데모크라티아 개념이 언급되었다. 에우리피데스는 〈탄원하는 여인들〉에서 테세우스에게 "(제가) 시민들을 통치자로 만들었으니까요", "(여기서) 매년 번갈아가며 백성들이 관직에 취임한다네"라고 말하게 한다. 에우리피데스의 다른 작품에서는 "권력은 이곳에서 인민화되었습니다!"라는 표현을 만나게 된다. 민회와 법정에서 행해진 연설들은 아테나이 정체를 데모크라티아라고 칭송한다. 투키디데스의 《펠로폰네소스전쟁사》에서 보이는 전몰자 추도 연설에서 페리클레스는 아테나이가 데모크라티아라 불린다고 명확히 말한다. 마지막으로 데모크라티아의 개선 행진은 묘비명과 작명에서도 나타난다. 아테나이 함대의 수많은 배가 데모크라티아라는 이름을 가지고 있었다.

솔론

민주주의는 아테나이에서 발명되었지만 제도들을 고안하고 설치하기 위해 따를 청사진이나 모델이나 이론은 없었다. 민주주의는 시간의 흐름 속에서 발전해왔다. 우리가 아는 한 민주주의는 우선 아테나이에서 개화했고, 그 후 대개 아테나이의 압력으로 여타 그리스 도시 공동체인 폴리스에 도입되었다. 아티케 해상 제국의 형성이 민주주의의 충분조건은 아니어도 필요조건이었다는 점에는 의문의 여지가 없다. 해상 제국을 확립하고 보호하기 위해서는 함대와 함께 노잡이로 참여할 하층 인구가 필수불가결했다. 그리하여 밀집대형 팔랑크스phalanx를 구성했던 중장 보병 호플리테스hoplites와 나란히 노잡이들, 소위 테테스thetes가 아테나이 시민 동맹에 포함되어야 했다. 무엇보다도 기원전 490~479년 사이 페르시아의 공격을 막아낼 때, 테미스토클레스의 발의로 무산자층 테테스가 전투함대에 투입되었다. 그들이 승리를 위해서 필수적이라는 점이 드러났으며 이후 정치적으로 그들을 더는 무시할 수 없게 되었다. 그 후 에피알테스와 페리클레스가 테테스의 지지를 받아 귀족 회의체인 아레오파고스를 전복하고 오늘날 아테나이 민주주의의 고전적 모델로 전승되어온 민주주의가 시작되게 했다. 물론 모든 인구를 포괄하는 인민 지배로의 발전이 실제로 처음 그 목표에 도달하는 데는 페르시아전쟁과 아티케 해상 동맹의 외부적 사건들이 계기가 되었다고 볼 수 있다.

하지만 그 전에 아테나이 민주주의의 결정적 방향을 제시한 것은 클레이스테네스가 그리고 그 이전에 이미 솔론이 도입했던 개혁이다. 기원전 594년 솔론은 거대한 사회적 병폐를 제거하고 민주적 질서로 가는 여정에서 이정표가 될 만한 정치제도들을 창출했다. 솔론은 먼저 농민들이 채무 압박으로 노예로 전락할 위험을 막기 위해 부채를 탕감하고 채무 노예를 해방, 철폐했다. 솔론은 인민을 재산에 따라 네 가지 계급으로 분류했다. 이는 그 자체로는 민주적 개혁이라고 볼 수 없다. 하지만 이는 사회와 정치 질서의 귀족적 원칙, 즉 출신에 근거한 원칙에서 벗어나고자 한 예비적 시도다. 훗날 아리스토텔레스에 의해 아테나이의 위대한 입법가라 지칭된 솔론과 함께 정치 질서가 형성될 수도 있다는 개념이 관철될 수 있었다. 어찌 보면 정치는 형성할 수 있는 하나의 영역으로 발명된 것이다. 이제 정치tá politiká

는 타당해야 하며 올바른 질서를 지향해야 하는 시민적 행위가 되었다. 디케dike(정의로운 행위)와 에우노미아 eunomia(올바른 질서)가 정치 행위의 전제이자 목표다. 이는 민주주의와 그 제도들에도 적용된다.

클레이스테네스의 개혁

아티케 민주주의는 클레이스테네스에 의해 제도적 기본 구조를 갖춘다. 이때 여기서도 이성의 간지奸智가 생겨났다. 클레이스테네스는 민주화를 위해 의식적으로 개혁을 실시한 게 아니었다. 되레 클레이스테네스는 귀족 간의 다툼에서 상대 가문 출신인 이사고라스에 대항해 일반 시민을 자신의 편으로 끌어들이려고 개혁을 단행한 것이었다. 그 전에 부친 페이시스트라토스의 뒤를 이어 참주 자리에 오른 히피아스의 정권이 종말을 고했다. 아테나이인은 무엇보다도 적대 관계에 있던 스파르타의 도움으로 히피아스를 끌어내렸다. 아테나이인은 이어서 스파르타인을 몰아내고 추방당했던 클레이스테네스를 다시 불러들였다. 그리고 아테나이를 탈출한 이사고라스에게는 사형이 선고되었다. 이로써 3년간 참주들이 모두 축출되었을 뿐만 아니라 귀족 지배 역시 막을 내려 민주주의를 위한 자리가 마련되었다.

클레이스테네스의 개혁으로 우선 아티케에 단일한 정치적 시민층이 형성되었다. 이는 출신 지역이나 혈연으로 맺어진 유대를 결정적으로 느슨하게 만든 필레 phyle, 즉 부족들의 새로운 배열을 통해 이루어졌다[클레이스테네스는 기존의 혈연을 기반으로 한 4부족 체제를 행정 단위를 기준으로 10부족으로 나누고 부족을 필레라 불렀다-옮긴이]. 부족 대신 이제 촌락 공동체인 데메deme가 정치 질서의 새로운 토대가 된다. 현대적으로 말하자면 데메는 지방자치 단체였다. 여기서 이소노미아와 이세고리아를 실천하는 정치 공동체가 생겨났으며 그 결과 시민의 행위와 정치적 책임에 대한 의미가 발달하기 시작했다. 데메는 시민 명부를 관리할 권리가 있었고 자체적으로 관리와 사제를 두고 집회를 열었다. 이로써 지방 정치 및 제례 공동체는 일정한 자율성을 보장받았다. 이와 동시에 클레이스테네스는 개혁을 통해 연방이라고 부를 만한 다층적 정치 체계를 도입했다. 데메는 그와 마찬가지로 신설된 '500인 평의회'에 선거와 추첨을 통해 그 시민 수에 상응하는 몫의 구성원을 파견했기 때문이다. 아테나이의 정치적 중심에서 데메의 대표성이 보장된 것이다. 동시에 클레이스테네스는 3~5개의 데메를 묶어 30개의 트리티스trittys로 편성했다. 그리고 10개의 트리티스마다 도시와 해안, 내륙 지역을 분배했다. 클레이스테네스는 다양한 지역들로 이뤄진 트리티스를 하나의 새로운 필레와 결합시켰으므로 지역들을 통한 '횡단면'이 만들어졌을 뿐 아니라 시민들의 '혼합'도 달성되었다. 이제 아티케 전체 주민이 대표 기준에 따라 정치적으로 구성되었다. 지방이나 지역에 따른 예로부터 친숙한 유대가 단절되고 초지역적 관심사가 형성됨으로써 시민들은 서로 결합되었다. 시민들의 '혼합'은 후에 아리스토텔레스가 말한 바와 같이 통합된 폴리스, 정치적 공동체가 생겨나게 했다. 클레이스테네스가 도입한 오스트라키스모스ostracismos, 즉 도편추방에서도 시민 의식이 드러났다. 정치 지도자는 시민 신분과 재산은 그대로 유지한 채 10년 동안 추방될 수 있었다. 도편추방은 두 단계 절차를 거쳤다. 시민들은 매년 민회에서 도편추방 시행 여부를 거수로 표결한다. 시행 쪽으로 표결이 이뤄지면 두 달 후 아고라에서 도편추방이 시행된다. 모든 시민이 추방할 인물의 이름을 새겨 넣은 도기 조각 오스트라콘을 던져 넣는 방식이었다. 도편추방은 도입된 지

20년 후인 기원전 487년에 옛 참주의 친척을 추방하기 위해 최초로 실시되었다. 마지막 도편추방은 기원전 417년에 있었다.

클레이스테네스는 개혁을 통해 민주주의의 개화를 위한 사회, 문화적 발판을 마련했다. 이후 정치적 결정과 통제 체계의 중앙화에 초점을 맞춘 두 가지 제도적 혁신이 더해졌을 뿐이다. 하나는 귀족들의 최후 보루인 아레오파고스의 권한을 박탈한 것이고 다른 하나는 소득의 누락분을 상쇄해주는 일당, 즉 수당을 도입하여 서민들이 공무에 참여할 가능성 역시 보장한 것이다. 첫 번째 변화는 에피알테스, 두 번째 변화는 페리클레스로 거슬러 올라간다. 에피알테스는 기원전 462년 아레오파고스의 권한 박탈을 추진했다. 4000명의 중장 보병, 즉 재산이나 사회계층이 중간 수준인 시민들이 아테나이의 1인자 키몬의 지휘하에 펠로폰네소스반도에 있었으므로 당시 민회에는 가난한 시민이 다수였다. 키몬이 돌아와 아레오파고스를 무력화한 새 법을 다시 뒤집으려 했으나 실패하고 기원전 461년 도편추방에 의해 도시에서 추방되었다. 이는 새로운 질서가 저항에도 불구하고 자신을 관철시키고 공고히 될 수 있음을 보여주었다. 민회와 평의회가 전체 인민의 중심 기관이 되었다. 그때까지 행정부에 영향을 미치는 수단을 통해 아테나이 정치에 결정적 영향력을 행사해왔던 아레오파고스는 귀족들에게 확실히 장악되어 있었다. 그러나 이제 아레오파고스의 권력이 박탈되고 관료 통제권이 전체 인민에게 이전되었다. 민회, 평의회와 함께 시민 법정 역시 강화되었다. 이전에 아레오파고스가 가지고 있었던 권한이 시민 법정으로 옮겨졌기 때문이다. 시민 법정도 전체 인민에 의한 직접민주주의에 영향을 받았다. 이 같은 개혁들과 함께 집회, 평의회, 법정 제도의 의미가 커졌을 뿐만 아니라 실제 업무 부담이 증가함에 따라 시민들이 지속적으로 꾸준히 참여해야 할 필요성도 함께 증가했다. 이 정치적 변화들로부터 최종적인 제도적 결과를 이끌어낸 인물이 에피알테스의 뒤를 이어 32년 이상 아테나이에서 결정적 역할을 했던 '인민의 지도자' 페리클레스다. 이제 시민들이 그들의 정치 활동에 대해 보수를 받게 된 것이다. 이로써 가난한 시민들도 민주주의 제도에 참여하는 것이 가능해졌다. 기존에는 관리에게 수당이 지급되지 않았으므로 가난한 사람은 관직에 나갈 엄두를 내지 못했기 때문이다. 처음에는 법정집회에 참여하는 데 대해서만 수당을 지급했으나 이후 민회에 참석하는 시민들에게도 수당이 지급되었다. 이로써 아테나이 민주주의의 완전한 개화를 위한 마지막 초석이 놓였다.

아테나이 민주주의

아테나이 민주주의의 제도와 절차는 어떤 것이었을까? 그것은 어떻게 작동했으며 누가 참여했을까? 우선 시민권을 가진 모든 아테나이 남성 시민이 민주주의에 참여했다. 솔론이 나눈 재산 계급은 형식적으로는 계속 존속했지만 더 이상 실질적 의미가 없었다. 이로써 법률적으로만이 아니라 실제적으로 이후 거의 이루지 못할 정도의 시민 참여에 도달하게 되었다. 아테나이 민주주의는 직접적이고 즉각적인 민주주의였다. 그 체계를 이루는 제도들은 복잡했고 구성원, 구조, 임무에 따라 서로 구별되었다. 아테나이 인민들은 에클레시아ecclesia, 즉 민회에서 모였다. 에클레시아는 전체 (남성) 시민들이 만나는 곳이었으며 권력의 중심이었다. 적어도 에피알테스의 개혁이 있었던 기원전 462년 이후에는 테테스가 민회의 다수를 이루었다. 그렇다고 해서 민회가 노동자나 상인, 노잡이들로만 이뤄진 것은 아니었다. 플라톤에 따르면 대장장이, 구두장이, 상인, 선원 등 빈부나 귀천에 상관없이 민회에서 연설했다. 그러나 적어도 수당이 지급될 무렵에는 가난한 시민이 민회에서 다수를 차지했던 것으로 보인다. 이를 두고 플라톤은 민회에는 가진 것 없고 교육받지 못한 천민들만 모여든다고 비판했다. 민주주의가 절정에 달했을 때 3만에서 3만 5000명에 이르렀던 성인 시민이 모두 민회에 참석한 것은 아니다. 일례로 도편추방은 정족수 6000명으로 결정되었다. 이를 토대로 아테나이인들은 최소한 6000명 정도 모이면 인민 대중으로 간주했다고 가정할 수 있다. 관련 기록들은 이 정도 규모의 민회가 통상적으로 개최되었음을 알려준다.

민회 장소는 아고라에서 남서쪽으로 약 400미터 떨어진 프닉스 언덕이었다. 에피알테스 개혁 이전에는 집회가 열렸던 곳이다. 프닉스의 집회 장소는 더 많은 참가자를 수용하기 위해 수차례 확장되었다. 프닉스는 민회 그리고 민주주의 그 자체의 상징이 되었다. 희극작가 아리스토파네스는 작품에서 아테나이 시민을 의인화해 '프닉스의 데모스 씨'라고 부른다. 참가자들은 바

닥에 반원형으로 둘러앉았다. 데메의 시민 명부에 등록된 성인 남성 시민이면 누구나 참가할 수 있었다. 여성이나 메토이코이metoikoi(시민 신분을 갖지 못한 거주민), 노예, 시민권을 상실한 시민들은 배제되었다. 민회는 자주 소집되었다. 기원전 4세기에는 직무 연도를 규정한 달력에 따라 확정된 의무 회의만 1년에 40회 정도 열렸다. 회의 날짜는 4일 전에 논의할 대상과 함께 시장에 공고되었다. 민회 회의는 하루 이상 계속될 수 없었다. 아리스토텔레스는 《아테나이 정치제도사Athenaion Politeia》에서 민회에서 심의하고 결정하는 사안들을 열거했다. 주로 관직자 통제나 물자 공급, 안보, 정치적 고발, 징발, 상속권 청구, 도편추방 등에 관한 것이었다. 또한 청원, 제례, 외교사절 문제 등도 다루어졌다.

민회를 준비한 것은 500인 평의회였다. 500인 평의회는 민회의 안건을 심의하고 임시 명령을 가결하고 민회의 의사일정을 결정했다. 프로불레우마probuleuma라고 불린 이 예비 과정은 결정적 기능은 없었지만 민회에서 의사 형성을 유도하고 조정하는 기능을 했다. 대규모의 정치적 논쟁은 500인 평의회가 아니라 항상 민회에서 벌어졌다. 그러므로 아테나이의 정치는 민회에서 실질적으로 집행되었다. 500인 평의회는 10개의 부족이 각 50명씩 파견한 대표들로 구성되었다. 각 부족의 대표들은 각각 직무 연도 1년의 10분의 1, 즉 36일 동안 사무를 맡았다. 프리타니에prytanie라고 불린 이 위원회는 매일 의장을 추첨으로 뽑았다. 의장은 평의회뿐만 아니라 민회의 의장이기도 했다. 매일 의장이 바뀌었으므로 권력의 지속과 특권화를 막을 수 있었다. 이는 참여하여 영향력을 행사할 기회가 모두에게 동등하게 주어졌음을 보여준다.

아테나이 민주주의는 모든 시민의 민회 참여에 그치지 않았다. 아테나이 민주주의는 법정으로까지 확장되었다. 아테나이 법정은 법정 집회로서의 성격이 강하다. 법정, 즉 디카스테리아dikasteria는 순수한 시민 법정으로 30세 이상의 모든 시민에게 열려 있었다. 매년 추첨을 통해 시민 6000명이 배심원에 임명되었으며 전문 판사는 없었다. 아테나이 민주주의에는 고유한 법률가 신분이 없었고 법령집이나 법률 해설서도 따로 없었다. 추첨으로 선출된 배심원은 모두 법을 준수하며 인민과 500인 평의회의 결의에 따라 판결할 것을 선서했다. 이 선서를 한 배심원단으로부터 다양한 규모의 개별 법정이 구성되었다. 공개재판을 위해서 대략 500명의 배심원이 임명되었다. 중요한 소송은 배심원 500명으로 이루어진 개별 법정이 여러 단위로 구성되었으므로 배심원 수천 명이 회합을 가질 수도 있었다. 하나의 법정을 구성하기 위해 배심원 6000명을 모두 소환한 사례도 있다고 한다. 사적 소송은 보통 배심원 200명이나 400명으로 판정단이 꾸려졌다.

에클레시아와 디카스테리아는 오늘날 입법부와 사법부에 해당한다. 하지만 입법부와 사법부의 개념은 아테나이 데모스의 권력 집중과 상응하지 않는다. 아테나이 데모스에는 삼권분립이 존재하지 않았으며 모든 권력은 시민에게서 나왔고 시민을 통해 유지되었기 때문이다. 이는 오늘날 행정부, 즉 행정권이라고 부르는 개념에도 해당된다. 민회와 법정 집회에 대해 위에서 얘기한 것이 여기에도 적용된다. 아테나이에는 특별한 관료층이 없었으므로 민회로부터의 독립이나 기능적 분화를 주장할 공직 엘리트가 없었다.

아테나이에는 별도의 정부 기관이 없었다. 통치하는 자와 통치를 받는 자가 결국 같았기 때문이다. 아리스토텔레스가 말한 대로 교대로 통치한 것이다. 시민이면 누구나 관직을 맡을 만한 역량을 가졌다고 보는 것이 민주주의 이념의 일부였다. 이러한 이유로 추첨을 통한 임명, 엄격한 임기 제한, 직무와 책임에 대한 빈틈없는 통제 등의 원칙이 관직 규정에 적용되었다. 공직자는 추첨을 통해 선발했으며 재무 관리, 도시 건설, 수도 공급, 외교, 군사 전략가(군 지휘관) 등 특수한 지식이 필요한 몇몇 두드러진 직책만 선거를 통해 선발했다. 약 1200명의 공직자 중 약 1100명이 추첨으로 결정되었고 나머지 100명은 선거로 선출되었다.

추첨은 오늘날 민주주의 체제에서는 거의 볼 수 없는 제도다. 스위스의 일부 주와 이탈리아의 많은 도시 공화국에서 18세기까지 추첨제를 실시했다. 추첨은 시민의 평등함에 대한 상징이었다. 추첨은 서로 다른 이해관계나 사회적 지위, 재산 차이를 중화시키기 때문이다. 추첨 절차는 또한 관직 임용 과정에서 우대나 특혜를 방지한다. 정치에 참여할 기회의 평등이라는 이상이 아테나이 민주주의에서처럼 명확하게 표현된 적이 없었다. 모든 시민이 실제로 관직을 수행할 수 있게 한 것은 수당이었다. 시민들은 정치적 권리를 실행하고 그에 대해 보수를 받았다. 재산에 따라 분류된 계급 또한 공직에

진출하는 데 사실상 무의미했다. 500인 평의회 구성원들에 공직자 700명, 여기에 때때로 1000명을 훨씬 넘겼던 배심원들을 감안한다면 아테나이 시민들이 항상 높은 수준으로 정치에 참여했다는 점은 분명해진다.

노모테타이

기원전 4세기경 아테나이 민주주의에서 이탈하는 매우 '급진적'인 움직임이 나타나기 시작했다. 그 한 가지 징후는 기원전 403, 402년 아테나이인이 민주주의를 재건하면서 행정관에게 지급되는 수당을 폐지한 것이었다. 이에 반해 민회와 법정에 참여하는 데 대한 보수는 다시 도입되었으며, 이로써 시민 모두가 동등하게 관직을 맡을 수 없게 되었다. 이와 함께 민주주의의 '과두정화'가 시작된 것은 아니었지만 공직자 선발을 통제하는 수단이 마련되었다. 여기에 민회 권력의 상대화로 이어진 또 다른 유의미한 제도적 변화가 더해졌다. 같은 시기 노모테타이nomothetai, 즉 입법자제도가 마련되었다. 입법 절차를 변경해 입법자들이 더 중요한, 즉 상위의 법을 입안하게 되었으며 반대로 민회는 하위 법령만 공포할 수 있게 되었다. 이렇게 두 가지 유형의 규범이 서로 분리되어 위계질서가 생겼다. 입법자는 배심원들 사이에서 선발되었는데, 이는 입법자들의 절차를 법정형 입법 절차로 바꿔놓았다. 게다가 입법자들의 결정은 법률적 효력을 지녀 민회의 승인이 필요하지 않았다.

입법자 제도와 그 새로운 절차는 일반적으로 여론과 무관하지 않은 민회가 장기적으로 보장할 수 있는 것보다 더 큰 법적 확실성을 얻는 방법으로 여겨졌다. 기원전 411, 410년과 기원전 404, 403년 국내 정치적 위기에 대한 책임이 무엇보다도 민회와 민회 내의 리더인 데마고고스demagogos, 즉 선동가들에게 돌아갔기 때문이다. 그리하여 민주주의를 재건하면서 옛 법률인 노모스nomos 내지 노모이nomoi를 수집하고 기록할 필요가 있었기 때문에 입법자들이 임명되었던 것이다. 하지만 그 이후에도 입법을 위해 입법자 제도가 유지되었다. 이는 아테나이 민주주의를 안정적으로 유지하는 데 그 제도가 필요하다고 간주되었음을 보여준다. 여기에 유용했던 특별한 규범 검토 절차가 있었는데, 이는 현대 입헌 국가의 용어로 하자면 거의 헌법 소원 절차의 선구로 여겨질 수 있다. 기원전 5세기 이래로 시민이라면 누구나 민회나 평의회의 결의에 그라페 파라노몬graphé paranomon(위법성으로 인한 소송)을 제기할 수 있었다. 이는 결정을 무효 선언하고 제안자를 처벌해달라는 고발을 인민 법정에 제기하는 형태로 이루어졌다. 기원전 403년 이후에는 새로운 법률 검토의 절차가 도입되어 물질적으로나 형식적으로 기존 법률들에 위배되면 민회의 모든 법령이 위헌으로 선언될 수 있었다. 제소가 받아들여지면 법정 집회는 민회의 결정을 폐기했다.

2. 고대와 근대 민주주의

  아테나이 민주주의는 고전적 민주주의로 간주된다.
근대 민주주의는 보통 아테나이 민주주의에 비추어 평
가된다. 물론 항상 그렇지는 않았다. 미국독립혁명이나
프랑스혁명 당시 주역들은 아테나이보다 오히려 로마를
언급했다. 그들은 정치 공동체의 기초를 세운 고전적 전
통에 편입되고자 로마의 입법자나 의미 있는 집정관들
의 이름을 빌려왔다. 오랫동안 아테나이는 국가로서 모
범이 아니었다. 하지만 야코프 부르크하르트가 《그리스
문화사》에서 표현했듯이 아테나이는 "정신의 원천으로
서 최고의 문화적 활력"이었다. 아테나이인들은 근세 혁
명가들이 쉽게 받아들일 만한 민주주의 이론을 발전시
키지 못했다. 이에 반해 그리스 정치철학자들은 민주주
의 비판자였고 그들의 유산은 한때 매우 강력했다. 따
라서 확실하게 근대적인 민주주의 개념을 발전시킨 인

물들이 아테나이를 오히려 비판적으로 언급하고 자신들의 모델을 그리스 민주주의와 구별하여 그려내려 한 것은 놀랄 일이 아니다. 무엇보다도 의사 결정 과정이나 공직 수행, 사법적 판결에 시민이 직접 참여하는 등의 급진성은 많은 사람에게 근대 민주주의를 다르게, 즉 좀더 온건하고 권력분립적이며 대의적으로 설정할 동기가 되었다. 다만 장 자크 루소만이 1762년 《사회계약론》에서 그리스 민주주의 모델을 되살리며 이를 바탕으로 지속 가능한 인민주권 이론을 표명했다. 그러나 다른 사상가들은 고대의 모범을 근대의 상황에 이식하는 데 이의를 제기했다. 또 다른 이들은 인민의 무제한적 지배에는 원칙적으로 자유를 위협하는 다수의 폭정이 잠재되어 있다고 보았다. 민주주의는 폭정으로 바뀔 가능성이 있으므로 안정적 민주주의는 온건한 대의 민주주의로서만 생각해볼 수 있다는 것이다.

그럼에도 알렉시스 드 토크빌이나 존 스튜어트 밀 등과 같은 이들은 근대 민주주의에 대해 아테나이의 모범 사례가 가진 매력에서 완전히 벗어날 수 없었다. 존 스튜어트 밀의 《대의정부론》에 따르면 고대 그리스에서 "평균적 아테나이 시민의 지적 수준은 법정과 민회에서의 실천을 통해 고대와 현대를 막론하고 다른 어떤 정치의 지적 수준보다 훨씬 뛰어났다." 이는 토크빌도 말한 것인데, 아테나이 시민은 정치에 참여하도록 호명되었기 때문에 정치 활동을 수행할 때 개인적 성향과는 다른 관점에 의해 전적으로 인도되어 "공익이라는 개념에서 비롯된 원리와 원칙을 항시 적용"할 수 있었다. 아테나이 시민은 광범위하게 정치에 참여하여 정치적 판단력을 함양했던 듯 보이며 그럼으로써 정치적 일상 업무, 즉 정치적 의견 형성과 의사 결정 과정에서 서로 다른 이해관계의 균형을 맞춰나갔다. 참여와 시민 의식 양성 및 정치적 행동 능력 사이의 이 관계를 알렉시스 드 토크빌은 1830년대에 그가 지역적, 공동체적 수준에서 분석한 북아메리카 대중민주주의에서 인지할 수 있었다. 토크빌과 밀은 모두 정치 참여는 정치적 판단력과 시민의 공통 감각에 결정적이라고 결론지었다. 그러나 토크빌과 밀 역시 19, 20세기 다른 사상가들과 마찬가지로 확신했던 것은 아테나이 민회 민주주의 모델을 대규모 영토 국가와 상업, 산업 사회라는 근대적 상황에 그대로 이식할 수 없으며 매우 제한적으로만 이식할 수 있다는 견해였다. 무엇보다 토크빌이나 밀처럼 자유

주의적이고 온건한 민주주의를 추구한 사람들은 자유
에 대한 이해에서 결정적인 차이를 보였다.

고대 민주주의와 근대 민주주의

1819년 뱅자맹 콩스탕은 파리의 지식인 협회인 아테
네 루와얄Athénée royal에서의 유명한 강연에서 고대 또
는 근대의 삶과 문화 형식의 우위에 관한 17~18세기 논
쟁이자 독일 고전에 관한 논쟁이었던 이른바 '신구논쟁'
을 부활시켜 정치 질서 모델 간의 경쟁으로 확장했다.
'근대인의 자유와 비교한 고대인의 자유'라는 제목의
강연에서 콩스탕은 자유의 개념을 둘로 구분했다. 자유
주의적인 근대의 자유 개념은 개별 인간의 인격적 독립
과 개인적 권리 보장을 전면에 내세운다. 이에 반해 고
대의 자유 개념은 정치적 결정에 대한 적극적 참여를
목표로 했다는 게 콩스탕의 논지다. 고대의 자유 개념
은 정치 참여를 의무화함으로써 개인에게 큰 희생을 강
요했다. 콩스탕은 아테나이가 스파르타나 로마보다 더
많은 자유를 시민들에게 무한히 주었다고 인정하면서
도 "인격적 독립의 평화로운 향유"로 이루어져야 하는
근대식 자유를 옹호한다. 근대에 모든 사람에게 주권이

있다는 생각은 그저 허상일 뿐이다. 고대에는 각 개인의 의지가 실질적 영향력을 미쳤지만 이는 근대에서 비현실적이다. 따라서 콩스탕은 오늘날의 사람들이 "고대 사람들보다 개인의 독립에 더 애착을 가져야 한다"는 결론을 내린다. "고대인들이 정치적 권리를 위해 개인의 독립을 희생하며 더 많은 것을 얻기 위해 더 작은 것을 포기한 반면 우리는 개인의 독립을 희생하여 더 많이 주고 더 적게 얻을 것이기 때문이다." 고대의 자유와 근대의 자유 사이의 차이를 20세기에는 정치적 강요와 개인의 자유 사이의 근본적 대립으로 이해할 수 있다. 그 한편에는 정치 참여를 강제하고 집단적 주권과 복지에 개인을 종속시켜야 한다는 주장이 있고, 다른 한편에는 개인의 자유와 독립의 공간을 구획하여 국가의 자의恣意와 사회의 폭정으로부터 개인을 보호해야 한다는 주장이 있다. 따라서 근대 민주주의가 시민의 자유와 양립하려면 기본권과 인권의 불가침성을 수용하고 보장해야 한다. 그렇지 않으면 20세기 독재의 경험이 보여주듯이 민주주의는 전체주의에 굴복할 위험에 처한다.

신구논쟁이 고대나 현대 정치 질서 모델의 장점에 대한 역사적 토론으로서만 평가되어서는 안 된다. 20세기

의 경험에서 알 수 있듯이 신구논쟁에는 고대의 모범을
모델로 했든 근대적 성찰에 따라 설정했든 모든 민주주
의적 질서의 근본적인 구조적 문제가 반영되어 있다. 이
러한 점에서 고대와 근대 민주주의에는 각각의 특정한
역사적 맥락을 넘어 자유와 평등, 참여와 배제, 다수결
과 소수 의견 존중, 압제의 유혹과 민주적 자기주장 등
의 관계와 같은 여러 갈등과 긴장이 공통으로 있다. 긴
장을 해소해주거나 안정화 작용으로 무해하게 만든 제
도와 구조, 메커니즘뿐만 아니라 문제를 인지하거나 숨
기는 데 사용된 개념들도 매번 다를 수 있다. 그러나 고
대 민회 민주주의와 근대 대의 민주주의의 적대적 대
치는 너무나 단순하다. 고전적이라 불리는 아테나이
고대 민주주의와 그 구조, 사회 문화적 맥락, 전제 조
건과 한계를 다시 살펴보면 차이점과 공통점이 명확히
드러난다.

시민의 참여

아테나이의 폴리스 민주주의는 시민 모두에게 발언
권이 있었던 집회 민주주의였다. 다수결로 결정되었다
는 것, 이는 투키디데스가 전하는 페리클레스 전몰자

추도 연설의 발언, 즉 "민주정은 다수에 의한 통치"를 뜻한다는 발언으로 이어진다. 굴복하는 소수는 다수에 대해 의무를 진다고 느꼈고 다수가 내린 결정에 충실했다. 이와 반대로 앞에서 언급한 바와 같이 특별한 절차를 거쳐 시민 법정에서 민회의 결정에 이의를 제기할 수 있었다. 그러나 이는 합헌성에 입각하여 규범을 검토하는 근대 헌법에서와 같은 '추상적'이거나 '구체적인 규범의 통제 절차'가 아니라 민회를 통해 결의된 법안을 발의한 사람을 상대로 제기한 소송이었다. 민회가 내린 결정을 재검토할 이 가능성으로 인해 민회를 이끄는 연설가들의 개인적 책임이 강화되었다. 이는 선동가를 막을 수단이었다.

말하자면 아테나이의 폴리스 집회 민주주의는 의회 민주주의도 아니었고 현대 민주주의국가들과 같은 정당 민주주의도 아니었다. 폴리스 민주주의의 중심에는 논쟁, 즉 숙의 행위를 통한 결정의 저울질이 있었다. 따라서 숙의 민주주의는 현대 민주주의 이론을 통한 그 르네상스가 시사하는 것처럼 21세기의 발명품이 아니다. 그것은 아테나이 민주주의의 자기 이해와 작동 방식을 나타낸다. 민회에서 논쟁할 때 연설가는 반원으로 둘러앉아 있거나 서 있는 시민들 앞에 섰다. 이러한 배치는 극장과 같았다. 그리고 지도적 연설가들 사이의 논쟁에서는 무엇보다도 설득의 기예, 수사학의 숙달이 가장 중요한 무기가 되었다. 아테나이의 빼어난 정치가들은 장군이거나, 특히 데모스테네스 시대에는 압도적으로 연설가였다. 투키디데스 역시 페리클레스가 설득의 수사학적 기예에 능숙하게 통달해 있었으며 연설가이자 제안자로서 민회를 지배하는 법을 알고 있었다고 보고했다. 그에 따르면 이 시기 아테나이는 "명목상 민주주의지만 실제로는 제1인자의 지배였다."

숙의와 결정에 기초한 직접 집회 민주주의의 원칙은 동등한 참여와 발언권에도 불구하고 지도층과 대중, 정치 엘리트와 전체 시민 사이에 끊임없이 긴장을 야기했다. 이는 시초부터 오늘날까지 정치사상과 민주주의 이론이 매달려온 문제다. 특히 20세기에는 엘리트 민주주의에 관한 개념들이 개발되었는데, 이는 현실적 기능 분석과 규범적 고려에서 비롯된 결과였다. 가령 조지프 슘페터가 보기에 민주주의에서 결정적인 것은 다수의 엘리트 그리고 시민이 그 엘리트들 중에서 선택할 가능성에 있었다. 반면 대중민주주의에서 과두화 경향은 불가피하다고 여긴 사람들이 있었다. 그들 중 일부는 이를 환영했지만 다른 일부는 엘리트 형성이 포괄적인 참여 민주주의 구상과는 결합할 수 없다고 생각했다. 이미 18세기에 장 자크 루소는 민주주의에서 통치자와 피통치자 사이에 차이가 있을 수 없으며 둘은 동일하다고 주장했다. 이로써 루소는 아리스토텔레스가 민주주의의 특징으로서 공식화한 것, 즉 "모두가 각자를 지배하며 각자가 번갈아가며 모두를 지배한다" 그리고 "번갈아가며 지배되고 지배한다"는 상태를 다시 한번 개념화했다. 그러나 아테나이의 실제 모습은 달랐다. 연설가와 장군이 지도적 정치가였다. 이들은 정치적 발의를 제시하고 방향을 설정했으며 민회를 넘어설 수 있었다. 특히 기원전 4세기에는 특정한 전문화, 출신과 사회적 신분에 따른 지도적 정치인 집단의 협소화를 확인할 수도 있다. 그렇다고 해서 이들을 직업 정치가 집단이라 할 수는 없다. 아테나이의 정치는 분업에 의해 움직여지지 않았기 때문이다. 모든 시민이 민회에 참여할 권리를 가졌다. 수당은 정치에 참여할 여력이 없는 사람들이 공직에 참여할 수 있게 해주었다. 모든 시민은 민회에서 발언할 권리와 실제 기회를 얻었다. 보통 시민 6000명이 민회에 참석했고 200~500명, 때로는 1000명에 달하는 시민이 법정 집회에 참석했다. 시민 500명이 500인 평의회를 구성했고 매년 시민 700명이 공직을 수행했다. 전체 시민 수가 약 3만 명이었음을 감안할 때 실질적 참여율은 매우 높은 편이었다. 많은 수의 시민의 포함, 추첨, 관직의 연례 교체, 경위서 제출과 통제의 엄격한 절차, 추가적인 법정 심사 절차를 통한 선동 정치와 집단 히스테리의 사전 방어 그리고 기원전 4세기에 입법이 입법자들에게 이전된 것 등 이 모든 것이 매우 광범위한 데모스 지배의 제도적 안정장치였다. 민회의 심의와 의사 결정에 미치는 영향력과 관련해 비공식적인 차이가 있었지만 대개 공간적 거리와 제도적 대표성에 의해 강화되기도 하는 통치자와 피통치자 사이의 근대적 분열은 아테나이 민주주의에 낯선 것이었다.

시민은 모든 공무에 대해 조언하고 결정하며 직무를 수행할 역량이 있다고 여겨졌다. 이는 민회뿐만 아니라 관직과 배심원 법정에도 동일하게 적용되었다. 교육이나 예배 모임, 김나지움과 민회 활동은 정치 활동 그 자체가 가치로 간주되는 정치적 생활세계에 대한 공동의 표상 세계를 만들어냈다. 다시 한번 투키디데스가 전해준 페리클레스를 인용해보자. "우리는 사적인 일뿐만 아니라 폴리스의 일에도 관심을 둡니다. (…) 우리는 정치적인 일에 무관심한 사람을 조용한 사람이라 하지 않고 아무 쓸모 없는 사람이라고 합니다." 이것이 바로 플라톤의 소크라테스가 모든 중요한 정치적 결정을 다수 평범한 시민들에게 맡긴다면 민주주의는 근본적으로 어리석은 기획이라고 생각하는 오류를 범한 이유다. 소크라테스는 국가를 조종할 수 없는 배에 비유했다. 모든 결정이 배를 타고 여행하는 모든 사람의 투표에 따라 내려지기 때문이다. 이에 반해 아테나이인들은 평범한 시민들을 포함한 모든 사람의 정치적 판단력을 확신했다. 소크라테스가 겨냥했던 것은 제도적으로 익숙해진 아테나이 폴리스 민주주의의 자기 이해였다. 그 결과 소크라테스는 시민 법정에서 독배에 의한 사형을 선고받았으며 이는 놀랄 일이 아니다. 소크라테스는 아테나이를 떠나 사형 집행을 피하라는 친구들의 조언을 따르지 않고 데모스의 지배와 법, 법적 판결을 인정했다. 이런 고귀하고 일관된 태도로 소크라테스는 지속적 명성을 얻었을 뿐만 아니라 정치철학과 민주주의의 비판적 관계를 확립했다.

폴리스 민주주의

소크라테스의 재판 그리고 그의 죽음에 대한 플라톤 철학의 반응은 당대의 비평가들과 근대 이론가들이 거듭해서 제기해온 아테나이 민주주의의 문제점을 지적한다. 소크라테스는 표현의 자유에 대한 권리를 주장할 수 없었고 그러한 권리는 알려지지 않았다. 소크라테스는 정치적으로 능동적인 시민으로서 민회에서 심의가 이뤄지는 사이 반론할 권리를 주장할 수 있었으며 이세고리아 역시 그에게 적용되었다. 그리고 이와 동시에 법 앞에서의 평등인 이소노미아도 적용되었다. 따라서 소크라테스는 아테나이 데모스의 법에 복종해야 했다. 하지만 아테나이의 법과 데모스의 지배로 정의된 영역 밖의 자유는 생각할 수 없었다. 반대할 권리도 없었다. 양도할 수 없는 인권, 가령 민주주의에서 다수결에 대항하여 주장하고 관철될 수 있는 표현의 자유와 같은 권리는 고대에 존재하지 않았으며, 이는 근대 입헌 민주주의와 기본권을 보장하는 민주주의가 이룬 성과가 되었다. 따라서 아테나이인들이 이해한 평등은 개인적 권리, 특히 인격적으로 이해된 권리의 평등과 동일할 수 없었다. 개인은 아테나이 폴리스의 구성원으로서 정의되었으며 폴리스 안에서 자유롭고 평등했다. 시민으로서의 신분은 구성원 자격을 통해 정치적으로 정의되었다. 하지만 개인을 폴리스와 분리하여 인격적 또는 법률적 특성으로서 생각할 수는 없었다. 여기서 아테나이 폴리스 민주주의 모델의 한계가 드러난다.

아테나이 주민 전체가 시민은 아니었으므로 모두가 완전한 정치적 권리를 소유한 것은 아니었다. 주민 20만 명 중 6만 명이 남성이었고 이들 중 약 3만 명만 완전한 시민이었다. 여성과 아테나이 거주 외인(메토이코이)과 노예는 시민이 아니었다. 이들에게는 폴리스 민주주의에 참여할 자격이 없었다. 이처럼 출신과 재산, 교육과 신분과 무관한 모든 남성 시민의 포함은 훨씬 더 많은 인구의 배제와 대조되는 것이었다. 따라서 시민 공동체 politai koinonia는 포용하는 동시에 배제하는 폴리스였다. 시민은 자유롭고 평등했다. 자유롭지 못하고 평등하지 못한 사람은 시민이 아니었다. 아테나이 시민은 자신의 특별한 신분을 의식하고 있었고 완화에 반대하여 배타성을 옹호하기까지 했다. 이 같은 사실은 특히 기원전 4세기에 아테나이 시민권에 대한 접근이 좀더 어려워졌다는 데서 드러난다.

폴리스 저편에서는 다른 법, 즉 오이코스oikos의 법이 적용되었다. 오이코스는 경제적인 것, 사회적인 것, 사적 가계의 영역으로 이해되었다. 사회적인 것과 경제적인 것은 정치적인 것의 대상이 아니었다. 민회는 사회정책이나 경제정책을 다루지 않았다. 현대의 민주주의적 사회국가나 복지국가에서와 같이 사회적, 경제적 격차를 줄이고 균형을 맞추기 위해 사회정의의 이름으로 행해지는 정책이 논의되거나 결정되지 않은 것이다. 사회적, 경제적 이해관계와 분배 문제가 정치화되거나 협의되지 않았으므로 일상적 정치 업무의 부담이 덜어지는 것이 당연했다.

폴리스 민주주의는 경계가 분명했을 뿐만 아니라 그 발전에 이바지하는 많은 조건이 전제되어 있었다. 폴리스 민주주의는 시민들의 실제 참여를 기반으로 했으며, 시민들은 정치적, 문화적 공동체를 위해 기꺼이 자신의 많은 시간을 희생해야 했다. 다시 말해 폴리스 민주주의는 사적 개인, 즉 이디오테스idiotes로서 정치를 외면하지 않았던 시민들의 덕성에 의지하고 있었다. 그런데도 시민 모두가 민회에서 발언할 권리를 행사한 것은 아니다. 만약 그랬다면 집회 민주주의는 그 자리에서 무너졌을 것이다. 폴리스 민주주의는 많은 전제를 필요로 했다. 시민의 수준 높은 정치적 판단력을 필요로 했기에 비극과 희극을 비롯한 다양한 방식의 교육을 통해 이를 장려했다. 일부 시민은 노예제로 일상적 생계 노동에서 벗어나 성찰하고 숙의하는 데 필요한 여가餘暇를 얻을 수 있었다. 이러한 여가는 전통적으로 귀족들이 차지해왔지만 민주주의에서는 시민들도 그것을 기대할 수 있게 되었다. 마지막으로 아티케-델로스 해상 동맹의 설립 이후 아테나이는 조공을 받으며 무역을 번성시킨 제국이 되었다. 제국주의 정책은 아테나이 민주주의에 유리하게 작용했다. 해전은 무산자 노잡이들이 시민층에 포함되는 것을 촉진했으며 그와 함께 폴리스 민주주의를 비로소 자유롭고 평등한 시민에 의한 지배로 만들어 오늘날까지 경탄의 대상이 되게 했다. 해상 제국의 중심이었던 아테나이는 공물과 지불금을 거두어들이고 광범위한 상품 교환을 가능하게 하여 막대한 재정 지출을 감당할 수 있었다. 민주주의, 시민을 위한 수당, 건축, 제례, 극장 등에 상당한 비용이 들어갔다. 이러한 비용의 일부는 부유한 시민들이 분담하는 것이 전례

였다. 그러나 해상 제국은 기원전 5세기 말까지 민주주의에 따른 비용을 치르는 데 도움이 되었다.

지배의 제한

아테나이 폴리스 민주주의는 민주주의에 내재된 스스로의 모순을 보여주면서도 동시에 민주주의를 안정시키기 위해 어떤 제도적 예방 조치와 메커니즘을 취할 수 있는지를 보여주었다. 기원전 411년 민회는 민주주의의 폐지를 결의하고 400명으로 구성된 평의회에 임시로 권력을 이양하여 새로운 정부 형태를 준비했다. 그러나 그들이 스파르타의 꼭두각시들에게 권력을 넘겨주려 했을 때 이 짧은 막간극은 막을 내렸다. 알키비아데스가 최고 군사 지휘권을 얻은 후 민주주의는 다시 회복되었다. 이후 비슷한 에피소드가 한 번 더 반복된다. 기원전 404년 펠로폰네소스전쟁에서 스파르타가 승리하고 30인 참주정이 1년 남짓 지배하다 타도된 것이다. 이런 막간극들은 20세기의 현대 민주주의 역시 몰두해야 했던 민주주의의 결정적 역설을 떠올리게 해준다. 무엇이든 할 수 있을 만큼 자유롭다면 데모스는 민주주의, 즉 그 자신의 지배 역시 폐지하고 참주정이나 독재정 같은 다른 질서 형태로 대체할 수 있는 것이다. 아테나이에서 빠르게 치유되었던 이러한 문제는 1933년 독일에서 히틀러의 수권법授權法과 함께 파멸적 결과를 초래했다. 아테나이에서 일어난 사건들은 민주주의 비판자들, 특히 플라톤이 옳았음을 증명하는 듯 보였다. 민주주의는 선동가들이 활개 치는 매우 불안정한 정부 형태이며 "풍습이 단순하고 의견이 불안하고 약속에 현혹되는" 시민들은 궁극적으로 책임감을 가지고 통치할 수 없는 것처럼 보였기 때문이다. 그러나 아테나이는 선동정치와 집단 히스테리를 막기 위해 스스로 제도적 예방 조치를 취했다. 선동가들은 공소 대상이 되었고 도편추방을 통해 추방될 수 있었으며 민회의 결정은 추후 법정에서 논박당할 수 있었다. 여기에 더해 기원전 4세기에는 급진 민주주의에서 온건 민주주의로의 신중한 제도적 개편이 있었다. 입법 절차는 이제 두 단계, 즉 민회와 입법자를 거쳐 진행되었다. 아테나이 모든 남성은 성인이 되면 완전한 시민권을 취득했기 때문에 아테나이는 기원전 322년까지 분명 급진 민주주의로 남아 있었다. 그러나 아테나이 민주주의는 온건해 보였다. 이제 다른 입법 권한을 가진 기관을 마련했으며 민회에 대한 입법자들의 상위 통제권을 확립했기 때문이다. 이는 아테나이 폴리스 민주주의 모델에서 벗어난 것은 아니었지만 현대 민주주의에도 의미 있는 발전 노선을 예고하는 것이었다.

그리스 민주주의 비판자들은 기원전 4세기의 이 같은 발전에도 만족하지 못했다. 이들은 훨씬 더 포괄적인 의미에서 민주주의를 길들이길 원했다. 인민의 권력은 공무원을 선출하고 책임을 요구하는 것으로 제한되어야 하며 결정 자체는 행정관들에게 맡겨져야 한다는 것이다. 아리스토텔레스는 모든 시민에게 동등한 투표권을 부여하되 능력과 명성에 따라 결정권자를 선출하는 민주정과 과두정의 혼합정체를 이상적인 정치 질서로 염두에 두었다. 아리스토텔레스는 당시 그리스의 다양한 정체를 분석하여 민주정과 과두정의 혼합정체를 발견하고 이로부터 민주주의를 둘러싼 논의에 매우 크게 작용할 유형론을 발전시켰다. 아리스토텔레스는 핀다로스와 헤로도토스로 거슬러 올라갈 수 있는 지배 형태의 세 가지 구분을 따른다. 1인 지배, 소수의 지배, 다수의 지배가 그것이다. 아리스토텔레스는 알려진 정체 형태를 지배자 수에 따른 지배 유형과 지배의 종류에 따라 여섯 가지 도식으로 체계화했다. 지배의 종류가 국가 및 정체 형태의 질質을 결정했다. 지배자들이 전체 공동체의 이익을 위해 통치했는지 아니면 지배가 지배자들 각각의 이익을 위해 행사되었는지의 여부에 따라 질이 측정되었다. 전자는 좋은 정체 형태이며 후자는 나쁜 정체 형태이다. 양적 기준, 즉 지배자의 수에 따르면 좋은 정체 형태인 군주정과 나쁜 정체 형태인 참주정은 1인 지배로 귀결되었다. 소수의 지배는 좋은 정체 형태인 귀족정과 나쁜 형태인 과두정으로 나뉘었다. 다수 또는 심지어 모두가 지배하는 곳에서는 아리스토텔레스가 나쁜 정체 형태로 분류한 민주정 아니면 좋은 정체 형태로서의 혼합정이 문제가 된다.

공동체는 기존의 사회적 대립들이 제도적으로 균형을 이뤄야만 안정적 질서를 유지할 수 있었다. 따라서 민주정과 과두정의 결정적 차이는 민주정은 빈민의 지배를, 과두정은 부자의 지배를 반영했다는 데 있다. 이제 폴리스의 사회적 불균형을 균형 있게 조정하고 정치적으로 중립화하는 동시에 아리스토텔레스가 안정적 영향력을 기대했던 중간층을 강화하는 혼합된 형태를 찾는 것이 중요하다. 아리스토텔레스에게 최고의 정체는 민주정과 과두정이 혼합된 형태였다. 아리스토텔레스는 이를 혼합정체라 불렀다. 여기서 중요한 것은 온건 민주주의였다. 폴리스의 시민은 동등한 시민권을 가졌지만 그들이 지배의 실행에 정치적으로 참여할 가능성에는 등급이 매겨졌다. 이제 공직을 선거로 선출할 수 있게 되면서 민주정은 과두정에서 절제를 이끌어냈다. 아리스토텔레스의 혼합정체에서 우리는 현대 민주주의에 지침이 될 만한 두 가지 사유를 발견한다. 능동적 시민층은 정치 공동체를 구성하는 핵심 요소며 이것이 바로 민주주의의 사상이다. 그러나 지배가 공동체의 이익을 위해 행사된다면 그것은 제한적이고 온건해야 한다. 데모스가 지배하는 곳에서도 마찬가지다. 이는 이후, 특히 18, 19세기에 자유민주주의의 원칙으로 발전하게 될 지배 제한의 원칙이다.

3. 민주주의의 공화주의적 전통

　한편 아리스토텔레스에서 근대 민주주의로 직접 연결되는 길은 없었다. 오히려 아리스토텔레스는 수 세기 동안 잊혀졌다. 그러다 12, 13세기 그의 저작들이 번역되면서 비로소 아리스토텔레스의 수용이 시작되었다. 13세기 중반 도미니크회 수도사 빌헬름 폰 뫼르베케가 마지막 저술로서《정치학》을 라틴어로 번역했으며 여기에 토마스 아퀴나스가 곧바로 주해를 작성했다. 그럼으로써 아리스토텔레스의 사상과 정치철학이 매우 빠르게 퍼져나갔다. 무엇보다 정체론, 즉 다양한 정부 형태의 유형론이 18, 19세기까지 논의되었으며 거기서 민주주의의 위치가 정해졌다. 그리고 또 하나의 매우 지속적으로 작용한 영향력이 있었다. 이 사상은 고대 정치사상에서 비롯되어 르네상스 시기 이탈리아 도시국가들의 정치 이론과 17세기 영국혁명 그리고 마지막으로 북아메리카를 거쳐 근대 민주주의의 모델과 사상에 영향을 미쳤다. 이는 바로 고대 로마와 로마공화정으로 거슬러 올라가는 공화주의 사상이다. 여기서 정치 질서에 관한 두 번째 갈래가 생겨났다. 로마공화정은 아테나이의 폴리스 민주주의처럼 시민 전체의 직접적, 즉각적 참여를 전제로 하지 않았으며 '공화정'을 특정 형태의 법치와 권한의 혼합으로 이해했다. 그리고 이를 아테나이와 마찬가지로 정치적 영토로서 도시와 연관 지었다. 이는 공화정 사상이 대규모 영토의 정치 단위에 적용되기도 전의 일이었다.

로마공화정

로마 자체는 민주정이 아니었다. 공화정 시대의 정치에서 시민의 역할을 과소평가해서는 안 되지만 로마공화정은 귀족 지배라기보다 과두정으로 이해해야 한다. 로마 시민은 분명 권력의 한 요소였지만 전통적 지배층의 우위를 깰 수는 없었다. 피호제被護制를 통해 인구의 상당수가 유력자들에게 속박되어 있었는데 이는 최상위 귀족들이 정치와 의사 결정을 대부분 통제하는 결과를 낳았다. 아테나이의 클레이스테네스 개혁처럼 피호제를 깨뜨리는 개혁이 로마에는 존재하지 않았다. 귀족이 지배하는 레스 푸블리카res publica, 즉 공화국의 정치적 중심은 원로원이었다. 가장 중요한 공식 업무는 유력한 귀족층 성원들 사이에서 사전에 논의되고 표결에 부쳐진 후 원로원에서 협의되었다. 민회는 신분 투쟁 후 영향력을 확보하고 행정관리인 정무관들을 선출했다. 하지만 아테나이에서 공직자들을 민회와 500인 평의회에 묶어놓았던 직접 통제권은 결코 가지지 못했다. 로마 공화정의 공식 명칭은 세나투스 포폴루스쿠에 로마누스Senatus Populusque Romanus, 즉 '로마 원로원과 인민'이라는 이중 개념이었지만 로마 인민의 정치 참여는 매우 제한적이었다. 인민은 정치적 지배에 적극적으로 관여하지 않았고 정치 생활에 다소 수동적이었다. 귀족 간 경쟁이 치열했던 선거에서만 어느 정도 결정을 내릴 여지가 로마 민회에 주어졌다. 게다가 사회적 종속과 구속이 민회의 표결에 영향을 미쳐 의사 결정의 자유를 현저히 제한했다. 그러나 로마 민회는 귀족이 대표하는 정책이 전체 인민에게 제시되고 귀족들에 의해 논의되는 유일한 장소였다. 따라서 로마 민회는 공론이 만들어지는, 프로젝트의 내용과 성공에 인민이 (투덜거림이나 갈채,

야유로 제한되었지만) 영향을 미칠 수 있는 포럼이었다.

비록 로마공화정을 민주주의라고 부를 수는 없지만 거기에도 신분 투쟁으로 인한 발전은 있었다. 이는 항상 근대의 모범이자 모델로 여겨져 왔다. 로마공화정에는 리베르타스libertas, 즉 자유가 있었다. 그것은 로마법과 관련하여 많은 사람에게 자유에 대한 근대적 이해의 전조로 여겨졌다. 그러나 그것은 오해다. 그리고 또한 자유에 대한 로마적 이해는, 추정컨대 '실증적'인 아테나이인들의 자유 개념에 대한 반대 모델로 결코 그려질 수 없다. 로마에서도 자유는 주관적 인권으로 추상적이고 보편적으로 이해될 수 있는 개인의 기본권이 아니었다. 로마 시민의 영토가 확장되면서 예속된 동맹국의 시민들 역시 로마 시민이 되었다는 사실은 시민권의 입법이 협소하게 한정된 영토 밖에서도 가능했다는 것, 즉 권리의 담지자인 시민에게 귀속될 수 있다는 것을 보여준다. 하지만 이로써 법과 자유에 대한 근대적 이해가 입증되는 것은 아니다. 로마에서 자유는 관료의 자의恣意에 대한 보호로서 이해되었다. 개인은 더 이상 관료의 심문 재판에서 해명하지 않아도 되었다. 개인은 신분 투쟁의 결과로서, 원래는 인민 법정이었다가 후에 대규모의 배심원 법정이 된 평민 법정에서 해명해야 했다. 프로보카티오provocatio(상소) 개념과 함께 관료의 개입으로부터 개인을 보호하는 지원권이 확립되었다. 이를 행정적 개입으로부터 개인의 자유를 보호하는 초기 형태의 개인 보호, 즉 국가에 대한 방어권으로 이해할 수 있다(아테나이에서는 시민이 직접 공직을 맡고 통제함으로써 자유가 보장되었으므로 이 같은 방어권이 불필요했다). 성문화된 법규는 자유의 일부로 여겨질 수 있었다. 무엇보다 성문법은 개인의 지배, 즉 독재적 지배 행사 형태를 피하려는 정치적 평등을 의미했다. 마리우스, 폼페이우스, 카이사르와 같은 개별적으로 강력한 귀족이 귀족층에서 벗어나 단독 지배 체제를 확립하는 것을 저지해야 했다. 이런 점에서 평등은 법률적 지배의 총체로서 전제적 타락에 맞서 로마공화정 체제를 안정시키기 위한 정치적 예방책이었다.

따라서 평등과 자유는 개인들에게 속하는 기본권이나 시민권 또는 로마의 구체적 질서 밖에서도 타당하다고 주장할 수 있는 인권이 아니었다. 로마에서 개인의 자유는 아테나이에서와 마찬가지로 '원하는 대로 살 수 있는 자유'로 이해되었다. 이에 따라 표현의 자유, 교육과 신앙의 자유, 이동의 자유, 경제적 주도권, 재산의 양도 가능성, 유언의 자유, 가정 보호 등은 로마인에게 당연한 것이었지만 이러한 자유에 법적 성격을 부여하지는 않았다. 요헨 블라이켄은 로마 공화국 헌법에 관한 연구에서 다음과 같이 개관했다. "국가의 권위는 개인의 자유 공간이라는 개념에 의해 제한되지 않았지만, 다른 한편으로 이 자유 공간을 근본적으로 위협하지도 않았다."

공화주의 사상

아테나이의 폴리스 민주주의와 달리 로마공화정은 정치사상에 훨씬 더 직접적이고 강력하게 영향을 미쳤다. 이는 일면 로마의 위대함과 몰락이 전해주는 매혹적 이야기 때문이다. 또한 로마 역사는 공화주의 공동체의 덕성이 이끌어낸 흥기와 도덕적 쇠락에 관한 모범적 서사에 언제나 적합했다. 그러나 로마에 대한 또 다른 형태의 분석이 매우 빠르게 자리 잡았다. 이 분석은 정체의 형태, 특히 정체 형태의 로마적 혼합에 초점을 맞춘 것이었다. 특히 그리스인 폴리비오스는 반세기만에 로마가 세계를 지배하게 된 배경을 설명하려 노력했다. 폴리비오스는《역사》6권에서 로마가 흥기한 이유를 로마 정체의 안정성과 탄력성에서 찾았다. 폴리비오스는 로마공화정에서 흥망성쇠로 특징지어지는 순수한 정체 형태의 순환을 끊을 수 있는 선도적 모델을 발견했다. 아리스토텔레스와 비슷하게 폴리비오스도 정체 유형론을 계발했다. 여기서 폴리비오스는 민주정을 좋은 정체로 간주했다. 그러나 폴리비오스는 아리스토텔레스를 넘어서 이 정체 형태들을 긍정적 정체 형태와 타락한 정체 형태가 끊임없이 연속되는 순환 모델에 넣었다. 이 순환의 고리를 끊으려면 순수한 정체 형태의 약점(왕정-참주정, 귀족정-과두정, 민주정-중우정)을 피하고 정체 형태들의 강점을 결합하여 안정성과 지속성을 위한 적절한 혼합 관계를 만들어내는 정체 형태를 찾아야 했다.

　로마공화정의 정무관, 원로원, 호민관, 민회 간의 상호작용은 폴리비오스가 찾던 모델의 특성을 지니고 있었다. 이 모델은 특히 신분 갈등의 결과로 내부의 안정성뿐만 아니라 외부로의 팽창 능력도 보장하는 균형 체계로 형성되었다. 폴리비오스는 자신의 모델을 한편으로는 상호 영향력을, 다른 한편으로는 상호 통제를 기반으로 하는 제도적 상호작용으로 해석했다. 동시에 이 혼합정체는 귀족과 인민 사이의 균형을 포함했으며, 또한 관할 영역의 실제 분할 속에서 이뤄지는 정치 기관 간의 통제가 권력 제한의 기능을 가진다는 점을 보여주었다. 권력의 절제, 다양한 집단 이익의 균형, 정치 기관의 얽힘을 통한 통제라는 측면에서 혼합정체 모델은 더 이상 상이한 신분들의 위계적 구성이 아니라 국민적 권리의 평등으로 특징지어지는 사회 정치 질서에도 적용될 수 있었다. 따라서 고대 공화정에 대한 분석은 근대 민주주의의 형성에 건설적 기여를 한 것으로 보였다. 이후 니콜로 마키아벨리는 로마 역사가 티투스 리비우스의 영향을 받은 《로마사 논고》에서, 영국인 제임스 해링턴은 《오세아나 공화국The Commonwealth of Oceana》에서 공화주의 사상의 유산을 다시 논한다. 몽테스키외도 마찬가지였다. 근대 민주주의 담론이 생성되던 시점에 획기적인 전환점이 되었던 온건 민주주의 모델은 공화주의 정부 형태와 함께 정립될 수 있었다.

그러나 이 공화주의 사상의 갈래는 중세 말기와 이탈리아 르네상스 시대까지 거슬러 올라갈 수 있다. 이탈리아 북부에서는 12세기 말까지 피사, 밀라노, 제노바, 아레초, 파도바, 피렌체, 시에나를 비롯한 일련의 도시들이 교황이나 제국의 권력으로부터 자주권을 보장받았다. 또한 이 도시들 안에서는 시민으로 구성된 의회와 행정권 및 사법권을 가진 관리인 이른바 포데스타 Podestà에 기반을 둔 정치체제가 확립되었다. 롬바르디아와 토스카나에는 외부적으로는 자율권을 가지며 내부적으로는 자치에 기반을 둔 독립 도시국가들이 세워졌다. 그러나 이 도시국가들은 매우 불안정했다. 외부에서 독립을 위협해왔으며 내부에서는 경쟁 집단 간의 권력 다툼이 반복해서 발생했다. 그리하여 14세기 초 선출로 정해지지 않고 세습되는 관직으로 구성된 이른바 정무위원회signoria(행정 기구)가 설치되었다. 밀라노와 볼로냐 그리고 13세기 말 피사도 이런 방식으로 통치되었다. 14세기에는 파도바가 뒤를 이었고 아레초는 피렌체에 복속되었다. 피렌체는 16세기 초까지 공화국으로 남아 있었지만 이후 다시 메디치가의 지배하에 들어갔다. 18세기까지 자치 공화국의 지위를 유지할 수 있었던 곳은 베네치아뿐이었다.

시민의 공화국

이탈리아 도시국가들은 결코 자신들을 민주주의국가로 이해하지 않았다. 도시국가들은 스스로를 공화국으로 여겼으므로 키케로나 살루스티우스, 리비우스의 역사 기술로 전해지는 로마의 전통을 이어받았다. 그러나 자치와 자율은 공화정 개념에서 구성적 결합을 이루었다. 키케로는 스키피오 아이밀리아누스의 입을 빌려 인민과 공화국에 대해 이렇게 규정했다. "공화국res publica은 인민의 것res populi입니다." 하지만 키케로는 인민을 무엇보다도 iuris consensu et utilitatis communione, 즉 법에 대한 동의와 유익함의 공유에 의거하는 하나의 공동체로 정의했다. 도시 공화국들도 그렇게 보았다. 이로써 '인민의 것'인 공화국은 시민들이 법과 공동 이익의 형성에 참여할 때에만 정당성을 가질 수 있다는 점이 명확해졌다. 하지만 그것은 아테나이의 폴리스 민주주의에서처럼 모든 자유롭고 평등한 시민이 직접적, 즉각적으로 참여하는 것으로 이해될 수 없었다. 르네상스 이탈리아 도시 공화국들에서도 아테나이에서처럼 여성, 아동, 하인, 노예, 수공업자, 이방인 등은 배제된 집단에 속했다. 그러나 도시civitas에 사는 인구는 서로 다른 권리를 가진 등급으로 나뉘었다. '타고난' 지배의 권리를, 적어도 완전한 '관직 수행 능력'을 승인받은 사람들은 '훌륭한 시민들'이나 존경할 만한 이들, 즉 프린켑스princeps였다. 이들로부터 지도부와 평의회가 구성되었다. 또한 도시 시민의 전승과 논평에서 알 수 있듯이 공화정에 참여했지만 주로 선거에 중점을 둔 사람들이 있었다. 아테나이 폴리스 민주주의와 비교할 때 관직 교체나 피선거권은 없었지만 합의 사상의 핵심을 이루는 지배자의 의사 형성 과정에 대한 정치적 참여와 투표권이 있었다. 독일 사학자 울리히 마이어가 강조했던 것과 같이 중세 말 시민 개념의 핵심은 정부를 통한 지배principari가 아니라 공화국 내 고유한 정부 수준에서의 참여participare였다. 공화국은 본질적으로 덕성을 지닌 존경할 만한 시민에 의해 통치되었다. 평범한 시민들은 투표권과 동의권을 가졌지만 '광범위한 인민'은 온전히 아테나이 민주주의 비판자들의 의미에서 '천민'으로서 정치적 참여권으로부터 배제되었다. 1300년 즈음 쓰여진 한 정치 논평이 밀라노로부터 전해지고 있는데, "결코 덕성으로 설득할 수 없는 짐승 같고 머슴 같은 무리"에 관해 언급하고 있다. 이 짐승 같은 무리는 공화국에 대한 위협으로 간주되었다. 바로 그렇기에 암브로조 로렌체티도 시에나의 팔라초 푸블리코(시청사) 안 벽면을 채우고 있는 프레스코화 〈좋은 정부와 나쁜 정부의 알레고리〉에 시 정부 관리들에게 돌을 던질 준비가 된 검은 짐승의 형상을 그려 넣었다.

공화정은 무엇보다도 제후의 지배와 군주정에 대한 제한 및 반대 개념이었다. 이 개념은 그 자체로서 합의에 의해 보호되는 시민 통치라는 중세 말의 이상을 가리켰다. 그것은 이중적 의미에서 자유에 기반한 통치였다. 한편으로는 군주의 통치를 받지 않고 제후의 군주적 개입으로부터 독립성을 지키고자 하는 자유국가가 있었다. 다른 한편으로 자유는 시민의 자치를 의미했다. 이 두 가지가 자유로운 삶이라는 이상에서 결합되었다. 루카, 시에나, 피렌체, 라구사, 오늘날의 두브로브니크 같은 자유 도시 공화국들이 '자유'나 '인민과 자유'를 도시의 구호로 삼은 것은 우연이 아니다. 게다가 이는 이탈리아뿐 아니라 독일을 비롯한 지방 및 제국 도시들, 네덜란드, 브라반트와 플랑드르 및 스위스 연방과 그 주州에도 동일하게 적용되었다. 독일에서와 같이 공동체 생산조합처럼 규정된 도시 시민층이 여기저기에 있었다. 시정 참사회는 시민 공동체의 대변자로서 활동했다. 도시 내에서는 개인의 자유가 적용되었고 시민은 자의적 체포로부터 보호받았다. 게다가 시민은 재산을 자유롭고 온전하게 처분할 권리가 있었다. 시민의 공동체적 서약 동맹으로서의 도시는 시민 모두가 부담과 의무를 동등하게 분담해야 한다는 생각에 의거하고 있었다. 자결권은 시민 개개인의 자결권이 아니라 시민 동맹의 조합적으로 정당화된 자결을 의미했다. 자결권과 자율성에 기반을 둔 이 시민적 '코뮌주의Kommunalismus'(페터 블리클레)는 황제와 제국이 체제를 보증하는 가운데 오랫동안 유지될 수 있었지만 근대 영토 국가의 형성과 통일된 최고 군주 권력의 주권 주장으로 인해 점점 수세에 몰리게 되었다.

독일 도시 시민이 영토적 제국과 제도 국가 사상에 자리를 내어주어야 했으므로 자신들의 영향력 있는 정치 이론을 발전시키지 못했던 곳에서 시민적 공화주의 이론이 발전했다. 이탈리아 도시 공화국들의 사상으로부터 발전했으며 토마스 아퀴나스에서 마키아벨리에까지 이르렀던 그 이론은 근대 민주주의의 개화에도 작용했다. 빌헬름 폰 뫼르베케의 아리스토텔레스 번역과 스승 알베르투스 마그누스를 통해 다양한 정체 형태 이론에 친숙했던 토마스 아퀴나스는 참사관을 직접 선출하는 공화국이 도시 서너 개를 지배하는 왕보다 더 많은 것을 성취할 수 있다고 믿었다. 그렇다고 해서 토마스 아퀴나스가 민주주의를 지지한 것은 아니었다. 토마스 아퀴나스는 아리스토텔레스와 마찬가지로 민주정을 인민의 권력에 의지하는 정부라고 비판적으로 보았다. 그러한 정부는 "오로지 숫자의 힘으로만" 통치하고 인민을 억압하므로 폭정이 되는 경향이 있다는 것이다. 1266년 단테의 스승 브루네토 라티니는 시민이 정부를 선출할 권리를 도시와 시민의 공익 보호를 위한 보장과 연관시켰다. 파도바의 마르실리우스는 1324년 《평화의 수호자》에서 공익과 정의의 결정적 보증을 합의 원칙과 동일시하며 이 두 가지가 모두 법으로 표현되어야 한다고 말했다. 마르실리우스는 최고의 입법자는 인민 내지 전체 시민이라는 당시로서는 놀라울 만큼 진보적인 결론에 도달했다. 무엇을 하고 무엇을 하지 말아야 할지는 선거나 일반 시민 집회에서 확정해야 했다. 따라서 지배의 정당성을 위해 중요한 것은 시민 전체universitas 였다. 마르실리우스의 정치적 사유에서 이미 의회주의의 원형이 되는 절차가 보이기도 한다. 마르실리우스에 따르면 선출된 통치자는 실제 입법자인 시민을 대리하며 시민과 확고히 결속되어 있을 때만 입법을 행사할 자격이 있다. 그리고 선출된 통치자가 주권을 지닌 시민의 신뢰를 위반하면 시민은 통치자를 관직에서 해임하고 경우에 따라서 처벌할 자격이 있다.

중세 말 신학자, 철학자, 법학자, 교회법 전문가들의 정의롭고 좋은 통치에 관한 성찰에서 발전된 다양한 사상은 이탈리아 도시국가의 시민 자치 형태와 실천에 개념을 부여하여 다음 세기의 정치 질서 사상에 전달되었다. 공화정의 자유와 영광에 관한 기억은 고대 로마로부터 전승되어 공화주의 공동체라는 이상으로 양식화되었고 초기 로마사에 관한 리비우스의 저작과 연결된 마키아벨리의 《로마사 논고》에서 지속적으로 표현되었다. 마키아벨리는 자유로운 동시에 안정적인 공화국의 존속을 위한 전제 조건을 탐구했으며, 특히 가장 고귀한 공화국Serenissima Repubblica인 베네치아에서 자유로운 공화주의적 정체의 모델케이스를 발견했다.

베네치아는 공화주의적 질서 안에서 공공복지와 시민의 덕성, 애국심이 탁월하게 결합되어 있었다. 이렇게 해서 자유와 공화국의 구성적 관계는 북부 이탈리아의 경험으로부터 시민적 공화주의로 전승될 수 있었고 때로는 시민적 인문주의civic humanism로 불리기도 했다. 시민적 공화주의는 이탈리아에서 영국을 거쳐 북아메리카로 그리고 그곳에서 일관되게 민주적으로 변모한 버전으로 다시 프랑스로, 이후 길들여진 버전으로 독일로 이어진 운동의 기초가 되었다. 공화주의 사상이 민주주의 사상과 결합되었다. 이는 민주주의를 부분적으로 급진화시켰고 부분적으로 온건화시켰다.

4. 근대 민주주의의 성립

　스위스 출신의 헌법학자이자 국제법 전문가였던 요한 카스파르 블룬칠리는 19세기 중반 "옛 민주주의는 직접 민주주의였고 근대 민주주의는 대의 민주주의이다"라고 말했다. 그러나 그 100년 전만 해도 근대 민주주의의 구조가 어떤 모습이 되어야 할지는 결코 분명하지 않았다. 사실 아리스토텔레스가 정체 형태론에서 소개했던 바와 같이 민주주의는 전혀 긍정적 개념이 아니었다. 이 같은 생각은 1762년 장 자크 루소가 《사회계약론》을 출간했을 때도 여전했다. 《사회계약론》에서 루소는 "엄밀한 의미에서 진정한 민주정치는 지금까지 단 한 번도 없었고 앞으로도 없을 것"이라고 선언했다. 다른 한편 루소는 폴리스 전통을 이어받았으며 사회계약을 통해 성립되는 자신의 공동체를 '공화국' 개념으로 정립했다.

　민주주의 개념의 역사에서 아이러니는 이처럼 근대

민주주의를 확립할 때 민주주의가 실제로 언급되지 않았다는 것이다. 그 대신 프랑스뿐만 아니라 북아메리카나 독일에서도 새로운 형태의 대의 민주주의를 지칭할 때 공화국이라는 용어를 사용했다. 미국에서 이미 그랬듯이 프랑스에서도 인민주권의 원칙이 강력하게 관철되어 제도적 형태들로 주조되었다. 하지만 프랑스혁명에서 문제가 되었던 것은 민주주의라기보다 공화국이었다. 이는 새로운 관계들을 적절히 '민주적'으로 개념화하는 데 긴 시간이 걸렸음을 보여준다. 예를 들어 프랑스에서 프랑수아 기조는 1848년 혁명의 분위기하에서야 민주주의라는 단어가 주권적이고 보편적인 단어가 되었다고 여길 수 있었다. "그것은 민주주의라는 단어의 제국이다. 그 단어를 깃발에 새기지 않으면 어떤 정부, 어떤 정당도 감히 살아남지 못하며 권력을 신뢰하지 않는다." 이제 민주주의는 절대주의적, 봉건적 지배 질서에 대한 반대개념, 낡은 세력들에 대한 투쟁 개념이 되었다. 군주정 체제의 지지자들과 달리 진보 세력은 스스로 민주적이라고 칭했다. 동시에 민주주의라는 용어는 멈출 수 없는 목적 지향적 운동을 포착하는 것처럼 보였다. 알렉시스 드 토크빌이 말했듯이 민주주의는 운명이 되었다. 민주주의는 섭리에 따르는 일 un fait providentiel이었다. 더 많은 민주주의와 그에 수반되는 사회적 평등을 향한 발전은 더 이상 멈출 수 없을 듯이 보였다. 결국 19세기 중반 민주주의 사상은 고대와 근세 초기 공화주의 전통을 뛰어넘어 승리를 거두었다.

근대 공화주의 담론

그러나 그 이전에 공화국 개념은 상이한 형태의 민주주의에 대한 논의가 이루어지는 방향 설정의 틀이었다. 미국과 프랑스의 혁명가들조차 다수, 즉 전체 인민이 지배하는 정치 질서가 선하고 정의로우며 무엇보다도 안정적으로 유지될 수 있을지 확신하지 못했기 때문이다. 인민의 지배로서의 민주주의는 '천민의 지배'를 의미할 수도 있으므로 개인이 아닌 인민 전체가 지배하더라도 또 다른 형태의 폭압적 지배에 불과하다는 아리스토텔레스의 비판적 견해가 여전히 작용하고 있었다. 이에 반해 공화주의 담론은 인민 전체보다는 스스로 통치하는 덕성 있는 시민을 더 많이 언급했다. 공화주의 담론 속 시민은 도시의 공동 이익에 관심을 갖고 자유와 책임, 의무를 불가분하다 여기며 법에 근거한 온건한 통치를 모든 형태의 지배 중 최고로 여긴다. 17세기 영국혁명가들도 이 같은 견해를 이미 공유하고 있었다. 이들은 스스로를 공화주의자로, 즉 제임스 해링턴의 말처럼 인간의 제국이 아닌 법의 제국을 옹호하는 자유 시민 공화국commonwealth의 지지자로 여겼다. 따라서 루소가《사회계약론》에서 정당한 정부는 공화주의일 수밖에 없다고 확언한 것은 놀라운 일이 아니다. "모든 정당한 정부는 공화제다." 그러나 옛 공화주의는 적어도 그리스의 폴리스 민주주의가 실천했던 것과 같은 의미에서는 민주주의적이지 않았다. 따라서 18세기의 변화된 조건에서 공화주의와 민주주의가 서로 조화될 수 있는지, 아니면 아테나이의 폴리스 민주주의 모델이 너무 낡아서 근대의 변화된 조건에서 더는 지속될 수 없는지가 문제였다.

네 가지 관점이 결정적으로 의미가 있었다. 먼저, 아테나이 폴리스 민주주의나 북부 이탈리아의 도시 공화국은 소규모 지역 기반의 정치 질서였다. 그러나 이제 민주주의는 대규모 영토 국가에서 확립되어야 했다. 이는 완전히 다른 것이었다. 사람들은 더 이상 서로를 알지 못했다. 정기적으로 집회에 참석하고 언제든지 공직을 맡는 것이 불가능하지는 않더라도 어려웠다. 필연적으로 정치적 의사 형성과 의사 결정의 구조가 변해야 했다. 이 과정에서 근대 민주주의와 고대 민주주의를 구분하는 또 다른 문제, 즉 두 번째 관점이 드러났다. 민주주의가 사회적 신분이나 재산, 출신에 관계없이 모든 시민의 완전한 정치적 평등을 의미한다면 대규모 영토 국가에서는 문제가 발생한다. 민주주의가 더는 집회 민주주의로서 실행될 수 없다면 어떻게 모든 사람이 모든 결정에 언제나 참여하는가? 또는 어떤 형태로든 가능한 많은 시민의 참여를 보장하기 위해 다른 제도가 필요한가?

세 번째 관점은 주권 문제와 관련이 있었다. 근대 국가는 제후와 왕들이 자신의 지배권을 위해 완전한 주권을 주장하는 영방국가적 정권에 의해 만들어지고 통치되었다. 16세기 종교전쟁 및 내전 그리고 17세기 영국의 경험을 통해 지배 행사를 모든 제한으로부터 그리고 이어서 모든 동의 요구로부터 분리하는 주권에 대한 하나의 견해가 개발되었다. 주권론을 펼친 장 보댕은 1576년 "주권 통치와 절대 권력의 원칙은 신민들의 동의 없이 법을 공포한다는 점에 그 본질이 있다"라고 썼다. 법은 주권자의 손에 쥐어진 무제한적 권력의 행사에 다름 아니었다. 그러나 민주주의 혁명, 즉 절대적 지배자의 타도만으로는 여전히 주권 문제를 해결할 수 없었다. 데모스가 군주를 대신하면서 지배 권한의 담지자는 바뀌었지만 주권 문제, 즉 주권의 구속과 제한의 문제는 그대로 남아 있었기 때문이다. 정치 공동체의 규모 문제와 주권의 문제라는 두 가지 측면에서 공화주의 사상의 전통은 명확한 견해를 가지고 있었다. 민주주의는 소규모 지역을 넘어선 정치 질서에서는 실현이 불가능해 보였다. 그리고 군주의 주권이든 데모스의 주권이든 간에 무제한적 주권은 어떤 경우에도 자유에 해로웠다. 정치적 주권의 행사는 제한되어야 했다. 그것만이 전제정으로의 퇴화를 저지할 수 있는 유일한 방법이기 때문이다. 몽테스키외는 말했다. "정치적 자유는 온건한 정부에서만 찾을 수 있다."

마지막으로 근대 민주주의는 공화주의 전통조차도 해결할 수 없는 심각한 문제, 즉 시민들의 사회적, 문화적 다원성 문제에 직면했다. 페리클레스가 말했듯이 고대 민주주의는 시민이 원하는 것을 하게 했지만 시민들 사이의 사회 문화적 차이가 폴리스 민주주의의 안정성을 위협할 만큼 크지 않았다. 오히려 종교적 숭배, 공공의 공동체 생활, 자신들의 역사와 영웅의 함양과 연출은 공동의 신념과 가치 표상의 우주를 창조했는데 이는 정치 생활에서도 결정적 역할을 했다. 로마공화정도, 기독교적 기원의 역사와 긴밀히 결합된 중세 말 도시 사상도 마찬가지였다. 그러나 르네상스는 새로운 과학적 발견뿐만 아니라 특히 표현 예술을 통해 이미 낡은 세계상을 뒤흔들어놓았고, 개인을 그의 자연적, 정치적 환경의 형성자로 보는 새로운 이해의 단초를 마련했다. 여기에 정치 질서 문제에 마찬가지로 중요한 영향을 미칠 두 가지 발전, 즉 종교개혁과 산업, 상업 사회의 형성이 나타났다. 종교개혁과 그에 따른 종교전쟁 및 내전은 토머스 홉스가 지적한 대로 주권 문제를 위험하게 만드는 데서 그치지 않았다. 무엇보다도 종교적 사건들은 종교의 자유와 관용이라는 주제를 끌어들임으로써 한편으로는 자유에 대한 진정한 개인적 이해의 근간을 마련했고, 다른 한편으로는 마르틴 루터가 말한 바와 같이 '기독교인'의 자유를 멋대로 다룰 수 있는 세속 국가의 권력에 의문을 제기했다. 신앙의 자유는 다양한 종파의 정치적 계명이 되었다.

계약 사상과 인민주권

부상하는 상업, 산업 사회는 구신분제 사회의 사회적, 경제적 구조를 두 가지 견지에서 변화시켰다. 우선 기술적 변화로 인해 자유경제에 걸림돌이 되었던 봉건주의와 길드가 곧 혁명적으로 폭파될 듯한 징조가 보였다. 호모에코노미쿠스Homo oeconomicus, 즉 경제적 인간은 경제활동을 자유롭게 할 권리와 노동을 통해 일군 재산을 보호할 권리를 요구했다. 다른 한편 귀족과 성직자 등 구특권 신분과의 개인적, 정치적 평등을 요구하는 목소리가 일어났다. 그리하여 정치 질서는 지배자의 왕권신수설과 사회 구성의 위계에 기초한 인습적 구질서와는 다른 정당화 논거를 필요로 했다. 개인의 동의를 기반으로 한 국가의 토대로서 계약 사상이 정치적 타당성을 획득했으며, 특히 존 로크에서 분명해졌듯이 자연법에서 파생된 개인의 권리라는 이념과 결합되었다. 이렇게 해서 무엇보다도 개인, 개인의 자유 그리고 신체적 온전함과 재산에 대한 개인의 권리가 민주주의의 근거와 관련된 중심 문제가 되었다. 모든 정치 질서, 특히 민주적 질서는 이제 개인과 그 자유의 관점에서 사유되었다. 그리고 그 이면에는 개인들의 다양한 이해관계와 가치를 어떻게 다룰 것인가 하는 문제가 숨겨져 있었다. 토머스 홉스는 근대적 인간이 "이기적이고 자기 본위적이며 탐욕스럽고 포악"하며, 인간은 인간에게 늑대homo homini lupus라고 묘사했다. 그만큼이나 멀리 나가지는 않았지만, 근대의 개인이 고대와 공화주의의 전통에 깊이 뿌리내린 정치적 동물zoon politikon이나 사회적 동물의 표상, 덕성과 공통 감각에 의해 인도되는 시민에 여전히 부합하는가라는 의구심은 이미 있었다. 그러므로 장 자크 루소가 《사회계약론》 3부 4장에서 고대 민주주의 모델을 근대의 상황에 적용하는 것에 상당히 유보적 견해를 보인 것은 놀라운 일이 아니다. 루소는 민주주의를 위한 "많은 조화시키기 어려운" 조건을 표명했다. "국가가 아주 작아야" 하고 "풍속이 아주 순박해야" 하며 "지위와 재산이 상당히 평등해야" 하고 "사치가 거의 없거나 전혀 없어야" 한다는 것이다. 소규모 공간, 사회 문화적 동질성, 사회 경제적 평등, 시민의 덕성('사치가 없음')은 이제 근대 민주주의의 토대가 되기 어려운 조건들이었다. 하지만 이는 민주주의의 정립에 어떤 결과를 가져왔던가?

이론상으로 이 질문에 두 가지 답변이 있다. 루소는

고대 민주주의 모델을 민주적 공화주의의 형태로 시대에 적합하게 표현하려 했지만 그 과정에서 그의 구상에 대한 상당한 오해를 야기했다. 루소의 인민주권론은 분명 급진적이었지만 그 제도적 구현에 대한 결정적 질문에는 답을 제시하지 못했다. 그러나 북아메리카와 영국의 발전은 이론과 실천에서 매우 빠르게 간접적 대의 민주주의 형태로 이어졌다. 이러한 맥락에서 1820년 영국 철학자 제임스 밀이 말했듯이 대의 민주주의의 '발명'은 곧 고대로부터 알려진 민주주의를 근대적 조건에 맞게 적응시킬 수 있는 요체로 밝혀졌다. 그러나 이러한 적응은 변환을 의미한다는 사실이 비로소 정치 행위자들에게 서서히 의식되기 시작했다. 게다가 봉건적, 군주제적 관계들과 신분제 의회로부터 이미 알려져 있었던 대의제 메커니즘의 발명뿐만 아니라 근대적 대의 민주주의의 기초를 이룰 권력분립과 혼합정체에 관한 오래된 공화주의적 개념들도 있었다. 특히 자연법 이론으로 소급되는 개인적 자유권과 인권의 표상들도 있었는데 이는 이제 인민주권의 원칙과 결합되어야 했다.

정당한 정부는 공화주의 원칙들을 따라야만 한다. 이것이 장 자크 루소의 신조였다. 사회계약에 관한 그의 저술에서 루소는 인간은 다음과 같이 자문한다고 말했다. "어떻게 인간은 자유로우면서 자신의 것이 아닌 의지에 복종하도록 강요받을 수 있는가? 다르게 생각하는 이들은 어떻게 자유로운 동시에 자신들이 동의하지 않은 법률에 복종할 수 있는가?" 루소의 이 질문에는 결정적으로 자유와 지배의 조화 가능성이라는 문제가 놓여 있다. 루소에게는 자유, 특히 자유를 되찾는 것이 중요했다. 루소는 당대에 자유가 도리어 예속으로 변했다고 보았다. 그래서 루소는 《사회계약론》 첫 장을 다음과 같은 유명한 문장으로 시작한다. "인간은 자유롭게 태어났지만 도처에서 사슬에 묶여 있다." 자유를 회복하기 위해서는 "시민 상태état civil"를 확립해주는 사회계약을 체결해야 한다. 개인은 동료 인간과 함께 정치 공동체를 설립하기로 결의했다. 정치 공동체의 존재 이유 raison d'être는 바로 자유를 보호하기 위한 일반적 법률을 공포하는 데 있다. 법은 자유를 확립하고 보장하지만 동시에 시민들에게 법에 복종할 것을 요구한다. 역설적인 느낌을 주는 이 구성은 법을 부여하는 사람이 시민 자신일 때만 정당화될 수 있다. 따라서 루소가 성찰의 중심에 두는 것은 무엇보다도 자기 입법의 이념이다.

즉 자기 자신에게 법을 부여하는 사람만이 그 법에 구속된다고 느끼는 것이다. 이 원칙은 이제 정치 공동체의 일반 원칙으로 확장된다. 자신에게 법을 부여함으로써 정치적 의미에서 자유를 창출하는 것도 인민이지만 스스로 법을 준수할 의무를 지는 것도 인민이다.

이로써 루소는 토머스 홉스가 근대 국가의 기초를 세우기 위한 토대로 이미 사용했던 계약 사상을 확장했다. 여기서도 개인들은 어떤 정치 상태, 즉 국가를 수립하는 계약을 체결한다. 입법자는 자유, 즉 온전한 신체의 보호, 재산 보호 및 개인의 자유를 보장하는 법률을 제공한다. 그러나 토머스 홉스가 《구약》에서 차용한 은유인) 리바이어던을 통해 시민이 자신의 모든 권리를 양도하고 시민의 처분권을 넘어 절대적이고 분할되지 않은 주권을 대표하는 최고 권력을 구성한 반면, 루소는 입법 권한을 인민에게 맡긴다. 홉스의 구상은 절대군주제의 확립으로 이해될 수 있다. 그러나 루소의 사회계약은 결정적 입법 층위로서 인민주권을 정당화하는 것으로 귀결된다.

루소에게서는 인민이 결의한 법이 일반의지를 구현한다. 일반의지volonté générale는 공동 이익을 목표로 하기 때문에 "항상 올바른 길"을 가고 있다고 루소는 확신한다. 일반의지는 언제나 옳고 틀릴 수가 없다. 루소에 따르면 투표에서 한 개인과 반대되는 의견이 승리하면 "이는 내 생각이 잘못되었으며 내가 일반의지라고 여긴 것이 사실은 아니었다는 것만을 증명할 따름이다." 루소에게 항상 제기되는 비판은 바로 이러한 표현에 근거하고 있다. 위 인용문과 여타 구절들에서 일반의지의 폭정으로 이어지며 궁극적으로는 개인 자유의 파괴로 향하는 전체주의적 민주주의의 싹이 보이기 때문이다. 또한 루소의 구성은 일반의지를 대표한다고 주장하는 유일 정당의 단일 지배를 정당화할 수 있고 이에 따라 다른 의견을 가진 소수는 지배 정당의 요구에 복종하도록 강요받는다는 주장이 거듭 제기되어왔다. 루소가 단지 특수한 이해관계, 특수한 의지의 존재를 공동체 쇠퇴의 징후로 해석한 구절들도 같은 방향으로 향하고 있는 듯하다. 하지만 가령 루소가 전체주의적 민주주의의 창시자라는 식의 개괄적 비난은 루소는 물론 루소가 중요시한 점을 간과한 것이다. 무엇보다도 루소는 자유와 공동 이익을 조화시키는 원칙으로서의 자기 입법을 중요시했다. 이에 가장 중요한 조건은 자기 구속력을 만들어내기 위해 입법권이 인민에게 남아 있어야 한다는 것이다.

루소의 주장에 따르면 모든 정부는 인민이 결의한 법률에 근거할 때만 정당하다고 간주될 수 있다. 루소에게 입법은 인민의 일일뿐더러 아테나이 폴리스 민주주의와 공화주의 전통의 핵심이자 모든 자유로운 공동체의 기초다. 루소의 접근법이 급진성을 띠는 까닭은 인민, 즉 시민의 총체를 입법과 동일시하고 그들을 분할되지도 않고 양도할 수도 없으며 이전할 수도 없는 주권의 보유자로 규정한 데 있다. 이 관계가 루소를 인민주권 이론가이자 프랑스혁명의 선구자 그리고 민주주의 이론의 거장으로 만든다.

루소와 공화국

그러나 루소는 인민주권에 오류가 없다고 여겼기 때문에 공격의 대상이 되기도 했다. 그리고 입법이 가령 대표, 국회의원, 의회에 의해 수행될 수 있다는 생각에 대한 루소의 거친 논박은 빠르게 비판받았다. 루소에게 법을 결의하는 것은 시민 자신의 과제다. "인민 자신이 결의하지 않은 모든 법률은 무효다. 그것은 전혀 법이 아니다." 그래서 루소는 영국을 경멸의 눈으로 바라보았다. 영국은 17세기 이래로 거의 의회주의적이라 불러도 될 만한 입헌군주제가 형성되기 시작하여 왕과 의회가 공동으로 법을 결의했다. 그러나 루소에게 의회와 같은 대의 기구를 통해 인민이 의지를 행사하는 것은 환상에 불과했다. "영국 국민은 자신들이 자유롭다고 믿는다. 하지만 이는 큰 착각이다. 그들은 의회 선거 기간에만 자유롭다. 의원이 선출되면 그들은 노예이며 아무 것도 아닌 존재가 된다. 짧은 기간 자유를 누리고서 그들은 바로 자유를 잃게 되는 것이다." 이러한 논의로 루소는 비판자들에게 대의제 의회 민주주의에 대한 완고한 반대자로 보이게 된다. 그리고 루소와 근대 대의제 의회 민주주의 사이에 극복하기 어려운 대립이 있는 것도 사실이다. 그러나 루소를 동일성 민주주의, 즉 입법권과 행정권이 모두 인민의 수중에 놓인 민주주의의 대표자로 만드는 것은 잘못이다. 루소가 전체 시민이 민회에서 법률을 결의했을 뿐만 아니라 행정부와 법정을 구성할 자격을 가졌던 아테나이 폴리스 민주주의의 인민들에게 크게 공감을 보인 것은 사실이다. 그러나 루소는 이러한 민주주의 형태가 전제 조건으로 가득 차 있다고 생각할 만큼 충분히 현실적이었다. 근대적 조건하에서 그 민주주의는 "신의 인민"에 의해서만 세워질 수 있다. 루소는 절망적으로 단언했다. "그토록 완벽한 정부는 인간에게 어울리지 않는다."

루소의 인민주권 이론은 혁명적으로 작용하게 될 터였지만 그 질서 모델은 그다지 실용적으로 보이지 않았다. 정확히 말해 루소는 민주주의 체제 수립을 위해서 제공할 모델을 갖고 있지 않았다. 입법이 인민으로부터 나와야 한다는 주장은 인민을 완전한 주권자로 확립했지만 이 주권이 구체적인 정치적 일상에서 어떻게 행사되고 조직되어야 하는지에 대해서는 아무 말도 하지 않았다. 루소가 여전히 고대의 모범으로서 염두에 두었던 집회 민주주의의 원칙은 기껏해야 작은 영토 국가나 도시국가 또는 스위스 연방주에서 란츠게마인데 Landsgemeinde[스위스 주의회. 가장 오래된 직접민주주의 형태 중 하나로서 다수결 원칙, 공개 투표 시스템에 의해 운영된다-옮긴이] 원칙으로서 실행될 수 있을 뿐이었다. 루소는 코르시카에서 고대 민주주의 모델에 비교적 가까운 공화국을 고안했다. 그러나 공화주의 원칙에 따라 영토 국가를 세우고 인민을 주권의 담지자로 세워야 하는 상황이라면 문제는 달라진다. 이 같은 문제는 폴란드에 대한 루소의 정체 구상이 보여준다. 대규모 민주주의 공화국은 '혼합' 공화국으로서만 생각될 수 있었다. 혼합 공화국에는 높은 수준의 자율성과 광범위한 시민 참여를 보장하는 하위의 부분적 국가 단위가 중앙 국가 수준과 나란히 있을 수 있었다. 여기까지는 루소의 아이디어도 상당히 실현 가능한 것이었다. 그러나 어떻게 민주적 요구들을 충족시키는 동시에 변화된 사회적, 경제적, 문화적 조건을 고려할 수 있는 방식으로 거대한 영토 국가를 설정하고 수립할 수 있는가? 루소의 모델로는 거의 생각할 수 없는 것이었다. 그렇지만 바로 이곳에서 전환이 이뤄져야 했으며 루소는 결국 대의제 의회 민주주의로의 길 앞에서 물러섰다. 변화된 역사적 조건들 아래서 맨 먼저 북아메리카가 그 길에 들었고 그 후 모든 과정이 철저히 실행되었다.

대의 민주주의

영국 출신으로 북아메리카에서 활동한 혁명가 토머스 페인은 1791년 《인간의 권리》에서 이렇게 요약했다. "단순 민주주의는 부차적 수단의 도움 없이 스스로를 통치하는 사회다. 민주주의에 대의제를 접목함으로써 우리는 모든 다양한 이해관계 그리고 모든 범위의 영토와 인구를 포용하고 연합할 수 있는 정부 체제에 도달할 수 있다." 그러므로 대의 민주주의는 넓은 영토와 다양한 다원적 이해관계를 마주하여 민주적 정체를 수립하기 위한 수단이다. 페인은 본래의 '단순' 민주주의는 공간적으로 확장될 수 없다고 믿었는데, 이는 집회 민주주의 형태로는 실용적이지는 않지만 원칙적으로 불가능하지는 않다고 인정했다. 아울러 페인은 아테나이에서 실행된 직접적, 즉각적 민주주의는 경제적 조건의 평등뿐만 아니라 세계관이나 가치관의 동질성을 요구한다고 믿었다. 그러나 페인이 북아메리카를 비롯한 여러 나라에서 관찰한 것은 상업 사회의 형성과 영토 국가로서의 정치적 공간 확장이었다. 이 점에서 토머스 페인의 분석은 비록 결론은 달랐지만 장 자크 루소와 거의 다르지 않았다. 덧붙여 1776년 영국 본토와 분리를 추진하고 독립을 선언한 다른 미국 혁명가들과 마찬가지로 페인 역시 인민주권 사상의 지지자이자 옹호자였다는 것은 의심할 여지가 없다. 1776년 〈독립선언서〉의 복수형 "우리"와 1787년 헌법의 "우리 인민"이 미국 인민의 정치적 주권을 표현한 것은 우연이 아니었다. 또한 여기 저기서 상이하게 존재했던 선거권 자격으로부터 눈을 돌린다면 독립한 미국의 (백인 남성) 시민 모두가 동등한 정치적 권리를 가졌다는 것도 논쟁할 여지가 없다. 영국 본토로부터의 독립을 추진하고 정당화한 동기가 바로 권리의 침해였기 때문이다. 1776년에 공포된 〈버지니아 권리장전〉은 이를 표현한 것이다. 〈버지니아 권리장전〉은 평등한 기본권과 인권을 최초로 성문화했으며 1789년 프랑스혁명 당시 발표된 〈인간과 시민의 권리선언〉(이하 〈프랑스 인권선언〉)의 모델이었다. 루소뿐만 아니라 홉스와 로크도 계약을 통한 정치 공동체 성립으로 묘사한 상황이 이렇게 1776년에 발생한 것이다. 인민의 지배는 북아메리카 혁명을 통해 구체화되었다.

그러나 고대의 고전적 모델들을 활용했을 급진적 직접민주주의의 확립에 대한 저항이 동시에 나타났다. 집회 민주주의 원칙은 예컨대 뉴잉글랜드의 타운홀 미팅 townhall meeting에서 실천되었고 그 기원을 미국의 종파와 정착민들의 종교적, 지자체적 공동체 실천에 둘 수 있었다. 분명히 이론적으로는 집회 민주주의 원칙을 식민지에서 연방주로 변모한 공동체의 정치체제로 옮기는 것이 가능했다. 그러나 그런 일은 1776년 이후 아무 데서도 일어나지 않았다. 집회 민주주의의 원칙이 미국 연방주들의 영토로 더 이상 이전될 수 없다는 데 대한 동의는 매우 빠르게 이루어졌다. 그들은 한 걸음 더 나아갔다. 많은 사람이 〈독립선언서〉를 작성한 토머스 제퍼슨을 급진 민주주의자로 여겼다. 제퍼슨은 일찍이 입법 권력의 집중에 대한 비판자 중 한 명이었다. 가령 제퍼슨은 버지니아주 헌법이 대표 선출을 통해 구성된 입법부에 권력이 독점됨으로써 전제적으로 작용할 수 있다고 주장했다. "선거 전제주의"는 미국의 혁명가들이 싸워 얻고자 했던 정부 형태가 아니라는 것이다. "173명 [당시 버지니아주 상원과 하원 의원의 총수-옮긴이]의 독재자도 분명 한 명의 독재자만큼이나 억압적일 것이다." 많은 사람의 눈에는 펜실베이니아에 처음 도입된 단원제 역시 마찬가지였다. 제퍼슨은 선거 전제주의를 피하기 위해서 민주주의는 권력분립에 기반한 민주주의가 되어야 한다고 명확히 밝혔다. "정부의 권력은 여러 기관이나 행정관들 사이에서 분할되어 균형을 이루어야 한다. 어느 누구도 다른 기관에 의해 효과적으로 견제와 제지를 받지 않고서 법적 한계를 초월하지 못할 만큼 말이다." 이로써 권력분립은 민주주의적 지배를 제한하는 것을 의미했다. 그것은 인민과 그 입법부에 권한이 집중되지 않는 것이며, 인민이 직접 입법부, 행정부, 사법부를 한 손에 쥐고 주도한다는 의미의 동일성 민주주의도 아니었다. 북아메리카에는 아테나이의 모범에 기초한 집회 민주주의인 "순수 민주주의"가 아니라 온건한 대의 민주주의라는 새로운 다른 체제가 확립되어야 했다. 정치적 논쟁에서 그 차이를 수사학적으로 간결히 개념화하기 위해 미국 건국 국면의 두 가지 구상에 순수 민주주의와 공화국이라는 개념이 부여되었으며, 후자는 대의 민주주의 모델로 이해되었다. 이렇게 북아메리카인들은 고대와 그 전승으로부터 그리고 루소의 급진적 공화주의로부터 거리를 두었다. 모든 이가 루소의 《사회계약론》을 알고 있었으나 이를 어느 정도 의도적으로 곡해하며 "순수 민주주의" 모델과 연관시켰다. 동시에 미국 건국의 아버지들은 온건한 옛 공화주의의 전통 안에서 있었다. 그 전통에서 시민 자치, 혼합정체 그리고 온건한 정부의 모범들을 발견했기 때문이다. 그들은 온건한 대의 민주주의라는 자신들의 모델을 위해 그 모범들을 채택할 생각이었다.

연방주의자

필라델피아 제헌회의에서 기안된 1787년 헌법에 관한 논쟁에서 헌법 초안 지지자와 반대자들 사이에 공화국과 민주주의의 형태와 내용, 목적을 둘러싼 광범위한 공개 토론이 벌어졌다. 토론에 참가한 지식인과 정치인 모두는 자신을 새로운 공화국의 창건자로 여겼으며 공화주의 질서 모델의 고전적 사상가들의 전통 안에서 있다 생각했다. 그리고 이들은 직접 분석했던 선행 공화국들의 병폐와 쇠퇴 문제를 "공화주의적 치료제"로 극복해야 한다는 의무감을 가지고 있었다. 팸플릿, 비준 대회, 각종 신문과 저널들에 그 논쟁이 게재되었다. 알렉산더 해밀턴, 제임스 매디슨, 존 제이는 뉴욕에서 1787년 10월부터 1788년 5월까지 신문 지상에 85건의 논설을 발표했다. 이 논설들은 연방 강화, 즉 하나의 국민 정부와 연방 헌법을 지지했다. 이 일련의 논설들은 곧 《페더럴리스트The Federalist Papers》라는 제목하에 서적으로 출간되었다. 헌법 초안에 반대한 반연방주의자들은 1776년의 연방 질서를 고집하려 했다. 반연방주의자들은 루소와 마찬가지로 민주주의적 국가 형태는 국가의 규모, 인구의 수, 사회적 차이가 제한적일 때만 가능하다고 확신했다. 대의제 기구가 불가피하다면 그 기구에는 특정 엘리트들의 의지가 아니라 일반의지를 대변할 수 있을 만큼 많은 수의 대표가 파견되어야 했다. 몽테스키외처럼 반연방주의자들은 연방주들의 결속을 최대한 자율적인 소규모 (부분) 공화국들의 느슨한 연합으로서만 상상할 수 있었다. 마지막으로 반연방주의자들은 몽테스키외와 시민적 인본주의 전통과 함께, 그리고 아리스토텔레스, 키케로, 마키아벨리, 해링턴과 함께 시민적 덕성의 이념이 민주주의 공화국의 필수 조건이라고 믿었다.

무엇보다도 이 논증의 맥락이 반연방주의자들과 1787년 헌법 초안의 지지자들을 분리해주었다. 헌법 초안의 지지자들 역시 공화주의 전통의 맥락에서 논거를 전개하며 몽테스키외의 공화국 개념을 확장된 공화국 구상과 해석적으로 조화시키려 시도했다. 그러나 그들은 변화된 정치적, 사회학적 조건들을 고려할 때 개인과 시민의 덕성이 더는 민주적, 공화주의적 국가 형태의 안정성에 실효적이리라 믿지 않았다. 연방주의자들은 개인과 집단은 공명심과 이익에 지배되며 사회 전체는 경쟁하는 파벌들에 지배된다고 보았다. 연방주의자들은 덕성에 의해 인도되지 않는, 즉 개인의 이해관계보다 공동 이익을 우선시하지 않는 사회의 문제를 직접적인 인민의 영향으로부터 자유로운 대의제 기구와 "이중으로 안전한" 수직적, 수평적 권력분립 체계를 통해 해결하려 했다. "야망을 상쇄하기 위해서 야망이 만들어져야 한다." 매디슨이 몽테스키외의 권력분립 이론에서 가져온 이 강령적 문장은 위험하다고 여겨진 다수파 형성을 깨트리는 데 대규모 영토가 더욱더 적합해 보이게 해주었고, 상호 독립적이며 서로를 통제하는 기구들의 정권이 더욱더 안전해 보이게 해주었다. 이로써 대규모 영토는 민주주의 공화국들의 역사에서 알려진 쇠퇴 현상들에 성공적으로 맞서게 해줄 수 있었던 이점들을 연방주의자들에게 제공해주었다. 유해한 영향과 위험한 흐름, 거짓 선동, 전제적 다수파 형성은 대규모 영토의 정치 영역에서 더 잘 상쇄될 수 있었다.

연방주의자들은 이런 식으로 예상되는 단점, 즉 정치적 공간의 확장을 장점으로 바꾸었다. 연방주의자들은 루소가 주제로 다루었던 자유, 공동 이익, 특수한 의지 문제와 관련하여 매우 유사한 방식으로 논쟁을 벌였다. 연방주의자들은 수사학적으로 매우 이해하기 쉬운 논변으로 열 번째 논설에서 민주주의 이론을 간결하게 요약한 하나의 사상적 노선을 전개했는데, 이는 본질적으로 시민의 다양한 이해관계와 가치관의 작용을 전달하는 데 초점을 맞추고 있었지 그 원인을 제거하는 게 목적이 아니었다. 따라서 연방주의자들은 일반의지의 이익을 위해 특수 의지와 반대 의견을 무시하거나 억압해야 한다는 루소의 견해를 단호하게 거부함으로써 루소와 대립각을 세웠다. 파벌, 즉 이익집단과 당파는 인간의 본성과 이성의 상이한 사용에 놓여 있기 때문에 존재한다. 서로 다른 의견과 이해관계는 심지어 인간 자유의 결과이기도 하다. "공기가 불에 대해 그렇듯이 자유는 파벌에 대해 삶의 묘약이다. 자유가 없다면 파벌은 즉각 질식해 죽을 것이다." 따라서 정치적 삶을 위해 불가결한 자유가 파벌 역시 조성한다는 이유만으로 자유를 폐기하는 것은 어리석은 짓이다. "모든 시민에게 동일한 의견, 동일한 열정, 같은 이해관계를 부여하는 것"도 어리석다. 연방주의자들은 현실적으로 전환하여 근대 상업 사회의 변화된 정치 사회적 기본 조건들을 수용하고 그 위에 대의 민주주의 모델을 수립하려 했다. 이러한 이유로 연방주의자들에게는 가치의 다원성, 이해관계의 다양성 그리고 사회적, 정치적 집단의 상이함이 고도로 복합적인 민주주의 정부 체제의 건설로 이어지는 것이었다. 그 정부 체제는 공화주의 전통에서 전적으로 혼합된 정체로서 이해되었다. 한편으로는 새로운 질서가 인민주권과 다수의 지배에 기초한 민주주의여야 한다는 데 의문의 여지가 없었다. 그러나 다른 한편으로는 개인과 집단의 자유를 보호하고 다수결에 의한 폭정을 처음부터 막아내는 것이 중요했다. 민주주의적 다수의 지배와 자유주의적 권력 제한은 온건 민주주의 체제에서 서로 조화를 이루어야 했다. 따라서 연방주의자들에게는 아테나이 민회 민주주의 시대부터 알려진 "순수 민주주의"가 거대 영토 국가에 적합하지 않다는 게 너무나 분명했다. 그 대신 연방주의자들은 대표자와 위임자 선출을 기반으로 하는 대의제를 옹호했다. 하원 의원과 상원 의원의 선출은 우발적으로 구성되거나 조작된 다수의 압력이 아니라 대표자들의 객관적이고 냉철한 심의에 기초하여 결정이 이뤄지게 하기 위한 것이었다. 이처럼 대의제는 슬기롭고 정의롭고 현명한 의지와 결정의 형성을 위한 필터로 이해되어야 했다.

동시에 연방주의자들은 견제와 균형의 체계, 즉 연

방 수준 개별 기관들 사이의 그리고 연방 국가와 연방
주들 사이의 권력 억제와 권력 균형의 체계를 고안했다.
연방주들 그리고 기관들 사이의 얽힘과 통제가 소수의
수중에 권력이 집중되는 것을 저지해야 했다. 연방주의
질서는 미국 연방주들에 광범위한 권한과 많은 영역에
서 배타적으로 행사할 입법권을 부여했다. 연방 수준에
서 의회, 하원, 상원 그리고 행정부 수반인 미국 대통령
은 서로 다른 권한을 가졌지만 여러 분야에서, 예컨대
입법 분야에서 권한을 공유했다. 입법은 의회의 일이었
지만 미국 대통령은 여러 입법 사안에 거부권을 행사할
수 있으며 이는 지금도 마찬가지다. 각 기관은 서로 영
향을 미치면서 서로를 통제한다. 이 권력분리와 얽힘의
메커니즘으로부터 연방주의자들은 한편으로는 높은 수
준의 효율성을, 다른 한편으로는 개별 기관의 권력에 대
한 효과적 제한을 기대했다. 연방 차원에서 권한을 보
유한 사람들은 서로 다른 유권자와 이해관계를 대변했
다. 하원 의원은 국민이 직접 선출했고 상원 의원은 개
별 연방주들의 이익을 대변해야 하며 대통령은 국가 전
체를 대표해야 했다. 따라서 기관들과 의사 결정권자들
의 정치적 다양성에는 거대 영토를 가진 국가 전체의

사회적, 연방적 이질성이 반영되었다. 권력과 이해 갈등은 상호 견제와 제도적 균형을 통해 제한될 수 있을 듯 보였다.

　미국 헌법의 비준 과정에서 연방주의자들이 승리하면서 1787~1788년 거대 영토 국가 미합중국을 위해 대의 민주주의 체제가 탄생했다. 연방주의자들은 인민 지배의 독재를 두려워했고 순수 민주주의의 다수결 원칙을 불신했으므로 대의제 계획에 수직적, 수평적 권력 분립과 독립적 사법부와 같은 추가적 예방 조치들을 내놓았다. 이로써 순수 민주주의의 옛 공화국으로부터 대의제의 토대에 기초한 새로운 유형의 공화국이 만들어졌다. 연방주의자들의 정체 모델은 민주주의적이었다. 재산이나 납세 자격에 의해서만 부분적으로 제한되는 백인 남성 유권자 인구의 틀 안에서 정부가 자유롭게 결정할 수 있게 허용했고 평화적, 헌정적 틀 안에서 정권 교체가 가능하게 했기 때문이다. 1800년 1월 연방주의자에서 제퍼슨 공화주의자들로 최초로 정권 교체가 이뤄졌다. 이는 대의 민주주의 체제에서 최초로 이루어진 정권 교체인 동시에 서로 다른 두 거대 정당이 서로 대립했기에 정당 민주주의의 시작이기도 했다. 정당은 곧 사회에서 발견되는 다양한 가치와 이해관계를 응축하여 정치체제로 들여왔다. 이와 동시에 정당은 정치 지도자를 영입하고 선출직 공무원 자리가 자기 정당의 중심인물들로 채워질 수 있게 했다. 루소와 달리 연방주의자들은 이해관계와 당파, 파벌의 다원성을 명시적으로 인정했다. 그들의 "새로운 정치학"은 전화위복이 되어 헌정적 토대에 입각한 권력분립적 대의 민주주의라는 논리 정연하게 잘 짜인 이론을 공식화했다.

영국 의회주의와 책임 정부

1776년에서 1788년 사이에 미국에서 근대 민주주의의 기본 모델로 발전한 권력분립적 대의 민주주의 모델은 하늘에서 뚝 떨어진 것이 아니었다. 그 전신은 초기 의회주의와 권력분립 체제가 발달한 영국에 있었다. 공동의 숙의 없이 왕국에 세금을 부과할 수 없다는 생각은 1215년 대헌장 시대로 거슬러 올라간다. 왕은 재정을 확보하기 위해 왕국 사람들의 조언과 동의가 필요했다. 이로부터 13세기 중반경 의회 제도가 발전했는데, 의회는 규약에 따라 적어도 1년에 한 번은 개최되어야 했다. 이 의회에는 주로 귀족 지주인 '대귀족'들이 대표로 참여했지만 14세기부터는 왕국의 모든 카운티와 공동체의 전체 조합을 대표한다는 의회 개념이 형성되면서 '평민commons'도 대표로 참여할 수 있게 되었다. 이는 이후 평민원House of Commons, 즉 하원이 된다.

물론 의회는 아직 민주적 대의 기관이 아니었다. 19세기와 20세기에 이르러서야 선거권 및 의회 개혁으로 입헌군주정의 완전한 의회화와 의회정치의 민주화가 이루어졌다. 하지만 영국 코먼웰스, 즉 공화국의 전체 대표 기관으로서 의회가 일찍 자리 잡으면서 두 가지 결정적 변화가 일어났다.

먼저 '의회 안의 왕king-in-parliament' 체제, 즉 국왕, 상원, 하원의 의회적 협력은 사회적, 정치적 힘의 균형을 형성해냈다. 여기에 깊은 인상을 받은 몽테스키외는 《법의 정신》에서 영국을 온건한 자유 공화국의 이상적 사례로 기술했다. 그뿐만 아니라 힘의 균형은 군주정, 귀족정, 민주정 요소들의 혼합정체로서 고대와 근대 초의 맥락에서 분리해낼 수 있는 것처럼 보였다. 상호 간의 제도적 얽힘과 통제로서, 즉 견제와 균형으로서 진정한 민주적인 관계들에 적용하기 위해서 말이다. 그래서 대의제와 권력분립을 서로 결합시켜 군주제에서 민주주의 체제로 논점을 전환했을 때 미국 건국의 아버지들은 영국적 전통의 엄밀한 전문가임이 입증되었다. 해밀턴에 따르면 "심의권이나 사법권이 전체 또는 부분적으로 국민의 집단 기구에 귀속될 때 오류, 혼란 그리고 불안정을 예상해야 한다. 그러나 선거권이 잘 보장되고 규제되며 명목상으로가 아니라 실제로 인민에 의해 선출된 사람들에게 입법, 행정, 사법 당국의 권한 행사가 귀속되는 대의 민주주의가 가장 행복하고 규칙적이며 오래 지속될 가능성이 크다."

초기 영국 의회주의에서 비롯되어 대의 민주주의를 이해하는 데 본질적이 된 또 다른 지속적 작용은 책임 정부라는 개념이었다. 이는 시민이 자신들의 대표자를 선출하여 관직과 위임된 임무의 수행에 대해 책임을 지게 하는 것이 시민의 권리라는 견해와 관련 있다. 이 견해는 공직자의 책임과 통제에 관한 아테나이의 실천을 특징짓기도 하지만 시민 자치 정부라는 공화주의 전통에서 유래한 것이기도 했다. 대표되는 자와 대표자 사이의 관계는 한편으로는 동의, 다른 한편으로는 신뢰에 기초했다. 신뢰가 무너지고 시민이 원하는 대로 임무나 직무를 수행하지 않으면 동의는 철회될 수 있었다. 여기에는 결정된 조치나 통치자의 법률에 대한 저항도 당연히 포함되었다. 신뢰에 바탕을 둔 긴밀한 대표 관계에 관한 이론은 이미 17세기에, 특히 1649년 찰스 1세의 처형으로부터 크롬웰의 과도정부를 거쳐 1688년 명예혁명까지 지속된 분쟁들에서 형성되었다. 1640년대에 왕에 대항하여 의회의 명분을 옹호하고 선거권의 확대를 요구한 급진 민주주의 운동 세력인 수평파Levellers는 이런 견해의 주창자 중 하나였다. 존 로크는 1689년 《통치론》에서 계약과 동의, 신뢰에 기초한 시민 정부 이론과 대표자들의 계약 위반에 대한 저항권을 주장했다.

로크는 정부라는 말을 입법부와 행정부로 이해하고 정부의 목표를 개인의 자연권 보호와 연결했다. 로크는 생명, 자유, 소유의 보호를 기본 시민권에 포함했다. 로크는 이 권리들을 소유, 즉 재산권이라고 반복해서 언급하는데, 이는 로크를 해석하며 종종 상정되었던 것처럼 재산 소유자 집단의 개인주의적 소유권에 국한된 것이 결코 아니었다. 재산은 개인의 자유권에 대한 상위 개념이었다. 다시 말해 로크는 자유권은 개인의 재산에 속하며 홉스에게서와 같이 계약을 통해 또는 정부의 자의적 행위를 통해 개인에게서 이를 박탈할 수 없다는 것을 표현한 것이다. 비록 이런 식의 주장을 펼쳤어도 확실하게 민주주의 이론은 아니었던 로크의 국가 구상에서 중요한 것은 이제 이러한 권리가 동시에 정부 행위의 한계를 확정한다는 점이었다. 특히 시민들의 보호받는 자유 공간에 개입하는 것은 일반적 법률에 근거할 때만 가능했으며 이때도 권리의 핵심 영역이 침해되어서는 안 되었다. 이는 군주 권력만이 아니라 민주주의 권력에 대해서도 동일하게 적용되었다. 로크는 대헌장으로 시작된 자유 부여에 대한 영국의 발전, 소위 특권을 개념화했으나 이때 그의 자연법적 논거로써 그 개념의 급진적 첨예화를 가져왔다. 이제 자유는 국가에 앞서는, 양도할 수 없는 권리로 이해되어야 했기 때문이다. 이는 역사적 기원과 일치하지 않았으며 또 영국에서 자유를 구현하는 데 도움이 되지 않았다. 그러나 로크의 구상이 갖는 의미를 과소평가하기는 어려웠다. 대의 민주주의적 의사 형성 및 결정 절차와 개인의 권리와 자유 보호의 한계를 결합한 자유민주주의 모델이 로크의 구상에서 모습을 나타냈기 때문이다. 여기서도 북아메리카 건국의 아버지들이 이해력 좋은 학생이었음이 증명된다. 1776년의 미국 〈독립선언서〉는 로크의 《통치론》 제2논고의 인용문처럼 읽힌다. 〈독립선언서〉를 작성한 토머스 제퍼슨이 가장 좋아하는 세 명의 철학자 중 한 명으로 로크를 꼽았다는 점을 감안하면 이는 놀라운 일이 아니다. 〈독립선언서〉에는 다음과 같이 쓰여 있다.

우리는 다음과 같은 사실을 자명한 진리로 받아들인다. 즉 모든 사람은 평등하게 창조되었고, 창조주로부터 몇 개의 양도할 수 없는 권리를 부여받았으며, 그 권리 중에는 생명과 자유와 행복의 추구가 있다. 이 권리를 확보하기 위하여 인류는 정부를 조직했으며, 이 정부의 정당한 권력은 인민의 동의로부터 유래하고 있는 것이다. 또 어떤 형태의 정부이든 이러한 목적을 파괴할 때는 언제든지 정부를 개혁하거나 폐지하여 (…) 새로운 정부를 조직하는 것은 인민의 권리이다.

프랑스공화국

프랑스는 우선 미국적인, 또한 거의 영국적이라고도 부를 만한 경로를 밟았다. 처음에 루소는 아무 역할도 하지 않았다. 프랑스혁명 초기에 〈인간과 시민의 권리선언Déclaration des droits de l'homme et du citoyen〉이 있었다. 이 인권과 시민권의 선언은 시민과 개인의 법적 평등을 위해 신분 차이를 없애고 이미 북아메리카 연방주들이 시민권을 성문화하면서 대개 헌법에 받아들였던 것을 넘겨받았다. 우선 권력분립적 대의 민주주의 모델이 새로운 정치 질서 모델의 바탕이 되었다. 1789년의 〈프랑스 인권선언〉 제16조는 권리들의 보장이 확보되어 있지 않고 권력분립이 확정되지 않은 사회는 헌법을 갖추지 못한 것이라고 명시했다. 1791년의 프랑스 헌법은 권리 목록과 권력분립을 받아들이고 대의제 원칙을 인정함으로써 이 조항에 정확히 부합했다. 혁명 이론가 시에예스는 《제3신분이란 무엇인가》에서 제3신분을 프랑스 국민 전체와 동일시함으로써 프랑스식 인민주권 개념을 정립했다. 그러나 그는 동시에 그 개념이 인권과 시민권의 확립에서, 대표와 권력분립에 의해서 구체화된다고 보았다. "내 견해로는 대표가 본질적 요소가 아닌 정체는 그 정체를 군주제라 부르든 아니든 잘못된 것이다. 국가를 구성하고자 하는 모든 집단은 대표자와 주인, 합법적 정부와 전제주의 사이에서 선택할 수밖에 없다." 시에예스는 영국의 공화주의 전통과 몽테스키외, 미국의 혁명가들이 자유로운 공동체의 수립을 위해 결정적이라고 여겼던 전제적 질서와 권력분립적, 대의제적 질서 사이의 대립을 정확히 이해했다. 시에예스뿐만 아니라 루소와 로베스피에르도 이미 분명히 밝혔듯이 국민의 대표자로서 군주가 수반인 공화국을 충분히 상상할 수 있었다. 1791년 여름 루이 16세가 탈출에 실패하고 직위가 정지된 후 왕권이 처분에 맡겨졌을 때 로베스피에르도 다시 한번 선언했다. "공화정이라는 단어는 정부의 특정 형태를 의미하지 않습니다. 공화정은 조국을 가진 자유민들의 모든 정부에 속합니다. 원로원이나 군주가 있어도 자유로울 수 있습니다. 현재의 정체는 무엇입니까? 군주가 있는 공화정입니다." 프랑스는 민주주의의 토대 위에서 입헌군주정의 길로 거의 들어선 듯 보였다. 하지만 1792년 이후 프랑스에서 일어난 급진적 사건들과 함께 프랑스 민주주의는 영국과 북아메리카의 민주주의 발전 경로와 분리되기 시작했다. 이제야 루소는 세상을 떠난 지 14년 만에 혁명의 대부로 등장한다.

1792년 8월 10일 튈르리궁 습격은 국민공회를 통한 군주정 철폐로 이어졌다. 이에 따라 국민공회는 단일하며 불가분인 프랑스공화국République française une et indivisible을 선포했다. 오늘날까지 다양한 프랑스 헌법들에서 보이는 표현이다. 국민공회는 연방 구조가 없기 때문에 하나의 혁신이었던 중앙 집중적 민주공화국을 수립했다. 프랑스공화국은 몽테스키외나 루소가 한결같이 요구하고 북아메리카에서 수립된 것과 같은 부분적으로 자율적인 소규모 공화국들의 '혼합' 공화국이 아니었다. 이제 공화국과 민주주의는 동의어가 되었다. 민주주의는 대규모 영토 국가로 확립되었고 강력한 민주적 중앙 권력을 부여받았다. 이제 대의제적이고 권력분립적이며 기본권과 인권에 의해 제한되는 민주주의는 더 이상 화제가 되지 않았다. 하지만 루소의 급진적 민주주의는 소규모 영토와 공화주의의 맥락에서 분리될 수 있는 것처럼 보였다. "프랑스인은 세계 최초로 진정한 민주주의를 확립한 인민이다"라고 로베스피에르는 선언했다. 로베스피에르는 미국 연방주의자들과 반대로 사회, 경제, 문화의 모든 격변을 무시하는 새로운 '진정한' 민주주의에 사회 도덕적 기초를 제공하려 노력했다. 연방주의자들은 자유를 희생해야만 그 격변들을 되돌릴 수 있을 것이라고 믿었다. 자코뱅에 따르면 민주적 공동 이익은 특수한 의지와 복수의 이익들과 양립할 수 없었다. 동질적 시민 공동체를 대규모 영토의 중앙 국가

적 민주주의의 사회적 토대로 삼지 않으면 새로운 질서
는 장기적으로 보장될 수 없었다. 1794년 로베스피에르
가 국민공회에서 새로운 '국민 종교', 즉 시민 종교를 민
주적 덕성의 목록으로 정의하고 이로써 자코뱅 테러의
정당성 근거를 마련할 때 결정적으로 차용한 사람은 루
소였다.

우리는 우리나라에서 이기심을 도덕으로, 체면을 정직으로, 관
습을 원칙으로, 예절을 의무로, 유행의 폭정을 이성의 제국으
로, 불행에 대한 경멸을 악에 대한 경멸로, 오만을 긍지로, 허영
을 영혼의 위대함으로, 돈에 대한 사랑을 명예에 대한 사랑으
로, 좋은 동료를 좋은 사람으로, 음모를 공적으로, 재기를 천재
성으로, 화려함을 진리로, 쾌락의 권태를 행복의 매력으로, 위인
들의 편협함을 인간의 위대함으로, 상냥하고 경박하며 불쌍한
인민을 고결하고 강인하며 행복한 인민으로 대체하려 합니다.
즉 군주정의 모든 악덕과 모든 어리석음을 공화국의 모든 미덕
과 기적으로 대체하려 합니다.

자코뱅의 '덕'의 테러는 독일의 많은 사람이 프랑스식
급진적 민주공화주의와 거리를 두는 이유가 되었다. 독

일에서만 그랬던 것은 아니지만 말이다. 프랑스공화국에 처음에는 크게 공감했던 마인츠의 한 연사는 1799년에 이런 말을 했다. "최고의 견해들, 공화주의, 심지어 덕성조차 투옥과 죽음으로 강제할 수 없다는 것이 이번에도 잔혹한 행위들을 통해 입증되었습니다." 자코뱅주의는 급진적 민주주의와 중앙집권적 공화국의 가능성에 큰 환멸을 불러일으켰다. 마인츠와 같이 프랑스공화국에 편입하거나 본과 같이 '시스레니아' 분리 공화국 Cisrhenanische Republik[프랑스혁명의 영향으로 1797년 프랑스인들이 라인강 좌안에 세우려 했던 공화국이나 결국 세워지지 못했다-옮긴이]을 수립하려 한 라인 공화주의자들의 시도는 빠르게 종말을 고했다. 1798년 독일 신학자 요제프 괴레스는 "민주적 형식을 도입하기 위한 세기는 아직 오지 않았으며 그렇게 빨리 오지도 않을 것이라고 믿는다"라고 말했다. 그 대신 괴레스를 비롯한 많은 개혁가는 자유에 대한 사랑과 시민의 계몽이 함께하는 대의 민주주의 공화국을 지지했다. 이렇게 해서 독일에서는 공화주의를 반군주정 통치의 한 형식이 아니라 개혁적이고 합법적인 정부 운영 방식으로 이해하는 길이 구상되었다. 이러한 구분을 통해 칸트는 "진정한 공화주의"의 합법적 정부와 전제정치 사이의 오래된 구분을 다시 채택한 급진적 민주공화주의의 완화된 버전을 표명했다. 칸트는 프랑스의 급진적 공화주의를 민주적 색채를 띤 '전제주의'로 보았다. 그러나 칸트에게 공화국은 권력분립적, 대의제적 정체로 정의되어야 했다. 더욱이 공화국은 "법에 따른 인간의 연합"이었으며 그 목적은 "자유의 일반 법칙에 따라 한 사람의 자의와 다른 사람의 자의의 합일"을 보장하는 것이었다. 물론 여기서 제기되는 문제는 법률을 제정하는 주체가 누구인가였다. 루소에게 그리고 미국과 프랑스의 혁명가들에게 입법권은 인민에게 있으며 인민에 의해 직접 행사되거나 대의 기관을 통해 행사된다. 칸트는 처음에 이러한 민주주의적 정당화 접근 방식을 따랐지만 이후에는 엄격히 제한했다. 칸트는 "인민이 자기 자신에 관해서 결정할 수 없는 것은 입법자도 인민에 관해서 결정할 수 없다"라고 입법자의 과제와 한계를 정의했다. 칸트는 무엇보다도 인민과 입법자 사이의 차이를 드러냈다. 이 둘은 적어도 반드시 동일하지는 않다. 요점은 입법자가 반드시 인민일 필요는 없으며 심지어 대의제 의회일 필요도 없다는 것이다. 입법자는 "마치 전체 인민의 합일된 의지에서 나온 것처럼" 법을 제정해야 한다고 칸트는 주장한다. 그러나 칸트는 '마치 ~처럼'이라는 표현을 통해 입법 업무를 계몽된 군주의 손에 맡길 수 있게 해준다. 칸트가 염두에 둔 계몽된 군주는 프리드리히 대왕이다. 중요한 것은 인민보다 더 성숙하고 통찰력 있고 계몽된 이 군주가 가상의 입법 규제자로서 '인민의 합일된 의지'를 고려해야 한다는 것이다. 이런 식으로 칸트의 공화주의는 그 마지막 귀결에서 민주주의적 함의가 축소된 길들여진 공화주의로 나타난다. 1848년 혁명에 이르기까지 민주주의는 애초에 의제가 아니었다. 독일의 길은 군주와 계몽된 시민층이 합의한 개혁 수단을 통해 자유 헌정 체제와 정치적 의사 표현의 자유와 언론 및 집회의 자유 체제를 수립하고 합법적 통치의 보증물로서 법치국가를 확립해야 했다. 그리고 이와 동시에 민주주의 혁명을 회피하거나 최선의 경우 불필요하게 만드는 방식이어야 했다.

5. 근대 민주주의의 발전

근대 민주주의는 결코 직접적인 방식으로 자리 잡을 수 없었다. 오랫동안 낡은 군주제 정권은 민주적 질서의 개화를 저지하거나 퇴보시키거나 상당히 지연시켰다. 나폴레옹전쟁 이후에는 구舊신분제적이고 봉건적이며 보수적인 세력들이 상황을 결정했다. 1815년 빈회의 Wiener Kongress로부터 시작된 복고 시대는 처음부터 민주주의와 자유주의 운동의 열망을 억눌렀다. 1830년 프랑스에서 7월혁명이 일어나고 나서야 시민의 자유에 대한 요구가 다시 힘을 얻게 되었다. 1848년의 3월혁명 전야기Vormärz의 독일, 특히 남서부 독일 영방領邦들에서는 가령 1832년 함바흐축제에서와 같이 시민권과 자유권 보장뿐만 아니라 정치 참여와 의회화 그리고 적어도 부분적으로는 공화주의적 민주주의 개혁에 대한 요구가 제기되었다. 그러나 헌정과 독일 통일을 요구한 독일의 헌법 및 민족운동은 부분적으로만 민주주의 운동이었다. 북부 독일의 자유주의자들은 덜 급진적이었으며 기존의 권력 관계에 기초하여 제후 가문들과 새로운 질서를 협의하려 했다. 전통적 제후 주권이 흔들리지 않으면서 신분제 대의기구에 더 폭넓게 참여할 수 있어야 했다. 한편으로는 구주권의 헌정화를 목표로 했던 자유주의 개혁가들과 다른 한편으로는 민주주의, 공화주의 혁명가들 사이의 이러한 차이는 프랑크푸르트 국민의회로 흘러갔던 1848년 운동을 약화하는 요인이 되었다. 프랑크푸르트 파울교회에서 의회가 독일에서 처음으로 인민주권을 주장할 수 있게 해준 초기의 정치적 동력은 새로운 질서의 기획과 관련하여 발생한 이러한 차이들을 감출 수 없었다. 독일 정치철학자 프리드리히 율리우스 슈탈은 그 결정적 차이점과 데모스에 대한 시민적 의혹을 비할 바 없이 정확하게 개념화했다. 자유주의 정당은 온건파의 정당이었고 민주주의 정당은 극단주의 정당이었다. 자유주의 정당은 중산층의 정당이었고 민주주의 정당은 인민 대중의 정당이었다. "그러므로 자유주의 정당의 이상은 개별화된 상태의 인간의 권리와 자유, 인간이 개별화된 상태에서 그 육체적, 정신적 존재를 방해받지 않고 향유하는 것이다. 민주주의 정당의 이상은 인간종의 찬양이며 따라서 절대적 인민 권력, 절대적 인민 예찬, 절대적 인민 평등이다."슈탈에게 자유주의 정당은 개인의 권리에 있어서 인민의 의지에 제한을 가했던 반면 민주주의 정당은 무제한적 인민 권력을 요구했으며 자유는 인민의 목적에 장애가 아니었다. 슈탈에게는 의심할 바 없이 "여기서 민주주의 정당은 이미 공산주의의 경계에 서 있었다."그러나 국민의회는 여전히 개별 영방국가의 확고한 제후 가문들에 의해 좌우되는 실제 권력관계 때문에 크게 실패했다. 프로이센의 왕 프리드리히 빌헬름 4세가 황제 즉위를 거부하여 제국 헌법이 발효되지 못하자 독일에서 민주적이고 혁명적인 방식으로 헌법을 도입하려는 시도는 실패로 돌아갔다. 이후 모든 영방국가에서 헌법이 제정되었지만 군주제 원칙은 그대로 존속되었고 인민주권을 인정하는 헌법은 없었으며 정부의 의회화도 진전을 이루지 못했다.

길들여진 민주주의

이는 비스마르크가 독일제국을 건국한 후에도 변하

지 않았다. 1871년 헌법은 군주제 원칙에 기초했다. 국가권력의 담지자는 인민이 아니라 일종의 연방제인 독일제국의 건국에 참여했던 제후와 신분의 총체였다. 주권은 구성국들의 대표인 연방 참사원에 있었다. 1890년의 비스마르크까지 황제가 임명한 제국 수상이 그 의장직을 맡았다. 프로이센의 지배자 가문과 동군연합으로 결합되어 있던 독일 황제가 국가원수로서 연방 대통령이었다. 1918년까지 3계급 선거법이 존재했던 프로이센과 달리 제국 의회는 보통, 평등 선거권에 따라 선출되었다. 하지만 의회는 정부 구성에 영향을 미칠 수 없었다. 제국 수상은 독일 황제가 임명했다. 이로써 1871년 헌법은 인민과 의회에 책임을 지는 정부의 구성을 포기한 셈이다. 그럼에도 1871년 헌법과 함께 법치국가의 원칙과 부르주아 자유주의적 자유의 보전에 대한 요구가 충족되었으므로 제국의 민주화와 의회화를 목표로 하지 않는 독일적 입헌주의가 여기에서 발전했다고 볼 수 있다. 이와 함께 영국과 미국의 방식에 대한 결정적 차이가 드러났다. 영국에서는 개인적 자유와 정치적 자유의 관계가 구성적이었지만 독일에서는 그것이 해체되었다. 북아메리카에서 특징적이었던 자유주의와 민주주의의 관계도 마찬가지였다. 독일에는 법치국가가 있었지만 민주주의는 없었다. 독일 신민은 시민의 자유와 권리를 누렸지만 국가권력 행사에는 참여하지 않았다.

따라서 독일 민주주의의 발전은 역설을 보여준다. 독일에서는 1867년에 북독일연방에서 그리고 1871년에 제국에서 남성의 보통, 평등 선거권이 도입되었다. 이는 유럽의 상황에 비추어 볼 때 비교적 일찍 도입된 것이었다. 형식적으로 보자면 독일의 민주화는 예컨대 1918년에 와서야 보통선거가 관철되었던 영국보다 일찍 시작되었다. 그러나 독일에서 민주화는 의회화, 즉 정부의 의회에 대한 책임을 수반하지 않았기 때문에 성과를 거두지 못했다. 영국에서 의회는 비록 그 대표가 보편적이지 않고 선택적이었지만 국가정책 형성에 더 큰 영향력을 행사한 지 오래였다. 영국에서 선거권의 민주화는 여러 차례에 걸쳐 이루어졌다. 선거권은 점점 더 확대되었다. 1832년에는 도시 시민적 요소가 강화되었고 1867년에는 유권자 수가 두 배로 늘어났다. 1872년에는 비밀선거가 도입되었으며 1884년에는 농업 노동자에게도 선거권을 부여한 선거 개혁이 이루어졌다. 그리고 마지막으로 1918년 국민대표법Representation of the People Act[이때 21

세 이상 모든 남성과 30세 이상 모든 여성에게 선거권이 주어졌다-옮긴이]이 통과되었다.

영국의 발전은 정기적 국민 선거가 실시되기 시작한 시점과 보통선거권이 도입된 시점을 혼동해서는 안 된다는 것을 보여준다. 선거권의 완전한 민주화는 대체로 나중에 가서야 이루어졌다. 이는 1848년에 가서야 전국 차원에서 남성에게 보통선거권이 도입된 미국에도 적용된다(미국에서 모든 백인 남성에 대한 선거권은 연방주 차원에서 부분적으로 일찍이 존재했다). 전체적으로 볼 때 남성의 보통선거권은 미국, 프랑스(1848), 스위스(1848/1879), 그리스, 뉴질랜드, 독일에서 상대적으로 일찍 도입되었음을 확인할 수 있다. 제1차 세계대전 전까지 호주, 핀란드, 오스트리아가, 전쟁 중 또는 전쟁이 끝난 후 다른 모든 서구 산업 국가들이 그 뒤를 따랐다. 그러나 여성 인구가 선거권과 피선거권을 갖게 되기까지는 훨씬 더 오랜 시간이 걸렸다. 여성 선거권은 뉴질랜드에서 처음(1893) 도입되었다. 20세기 초에 호주, 핀란드, 노르웨이가 뒤를 따랐고 제1차 세계대전 후에는 덴마크, 독일, 아일랜드, 룩셈부르크, 네덜란드, 오스트리아, 스웨덴, 미국이 뒤를 이었다. 벨기에, 프랑스, 그리스, 이탈리아, 일본, 포르투갈에서는 제2차 세계대전 이후에 여성 선거권이 도입되었으며 스위스에서는 1971년에야 도입되었다.

독일에서는 선거권의 조기 민주화에도 불구하고 의회화와 정부에의 민주적 참여는 바이마르공화국을 기다려야 했다. 제국 말기 사회적, 자유주의적 개혁 세력들이 의회화와 민주화를 달성하기 위해 노력했지만(예를 들어 막스 베버 역시 이를 열렬히 요구했다) 처음에는 아무런 반향을 얻지 못했다. 독일에서 평의회 민주주의의 전망을 제시했던 1918년 11월의 짧은 혁명적 막간극이 지나가고 나서야 1919년 1월 국회 선거를 통해 민주주의를 위한 예비 결정이 내려졌다. 1919년 2월 6일 바이마르에서 국회가 소집되었다. 국회는 20세 이상의 모든 남성과 최초로 여성의 보통, 평등, 비밀, 직접 선거권에 기반하여 선출되었다. 그리고 1919년 8월 14일 바이마르헌법이 발효되었다.

바이마르헌법과 함께 이제 독일에서도 군주제 원칙이 민주주의 원칙으로 대체되었다. 바이마르의 민주 헌법 입법자는 인민주권의 원칙을 구성하고 새로운 정치 질서를 정당화했다. 입헌 권력으로서 인민은 제국 의회 선거에만 국한되지 않고 국민 청원과 국민투표에서도 자신들의 목소리를 낼 수 있었다. 이로써 대의 민주주의와 직접민주주의가 혼합된 체제가 확립되었다. 동시에 대통령도 인민에 의해 직접 선출되었다. 하지만 이는 대통령의 막강한 권한을 고려할 때 문제가 될 우려가 있었다. 바이마르헌법에도 고전 자유주의적 기본권 외에 사회적 기본권까지 포함된 매우 상세한 기본권 목록이 있었다는 사실은 이제 독일에서도 입헌 사상에 의거한 근대 민주주의의 자유주의적 형태가 확립되었음을 보여준다. 이는 본질적으로 중앙당과 함께 '바이마르 연합'을 이뤘던 자유주의와 사회민주주의 정당들에 의해 형성되었다.

바이마르 민주주의의 비극

바이마르 민주주의가 처음부터 실패할 운명이었던 것은 아니다. 그러나 1920년대 안정화 국면을 거친 후 "바이마르공화국의 해체"(브라허, 1978)라는 전례 없는 과정이 전개되었다. 바이마르공화국의 해체는 일반적으로는 민주적 질서의 불안정성에 대해 그리고 특수하게는 민주적 질서의 독일적 전제 및 조건에 대해 시사하는 바가 컸다. 바이마르헌법 체제는 정상적 상황에서라면 기능성과 안정성을 보장했을 민주적 질서를 확립했다. 그러나 결정적으로 바이마르공화국은 처음부터 사랑받지 못한 공화국이었다. 많은 사람에게 바이마르 체제는 치욕적인 베르사유조약의 부산물로 여겨졌다. 제1차 세계대전 패배가 낳은 민주주의는 국민과 정치 및 행정 엘리트 사이에서 충분한 지지를 받지 못했다. 그것은 민주주의자가 없는 민주주의였다. 지식인과 언론계 여론 주도층은 기껏해야 이성적 공화주의자들이었다. 군인, 판사, 관료들은 군주제적이며 관헌 국가적인 전통 출신이었고 공화국, 특히 민주주의의 필연적 특징인 상이한 입장들과 정당들의 다원주의와 갈등을 다루는 데 어려움을 겪었다. 용감한 민주주의자들이 부족했기 때문에 바이마르 민주주의는 좌파와 우파의 적들에게서 스스로를 효과적으로 방어할 수 없었다. 재무부 장관 에르츠베르거와 외무부 장관 라테나우가 암살당한 후 결의된 보호법은 이미 그 자체로 논란이 되었으며 아무런 효과가 없었다. 따라서 예전의 군주제적 상태의 재건을 요구하는 목소리, 정당과 세계관적, 정치적 논쟁을 넘어 민족을 통합할 인물을 요구하는 목소리가 매우 빠르게 커졌다. 그러나 이제 군주가 존재하지 않았으므로 대통령이 이 역할에 점점 더 적응하게 되었다.

이러한 전조 아래서 정부 구성, 의회 해산 그리고 긴급명령 발동에서 대통령이 가졌던 뚜렷한 권한은 민주적 질서를 안정화하는 데 역효과를 낳았다. 대통령의 긴급명령권과 인민에 의한 대통령 직접선거는 의회적으로 구성된 정부 외에도 대통령이 스스로 입법권을 행사할 수 있는 이중적 정부 체제를 형성했다. 바이마르헌법은 위기에 대비하여 대통령 독재의 예비 헌법을 준비해두었다. 이러한 대통령식 해법은 반의회적이고 반정당 국가적인 효과를 가져왔다. 위기 시 정부를 구성하는 데 주요 의회 정당들이 더는 필요하지 않았다. 지금이라면 그들이 특히 중요했겠지만 말이다. 많은 사람이 헌법의 수호자로 묘사했던 중립적 대통령은 1930년의 위기와 브뤼닝의 수상 임명이 보여주듯이 정당과 의회에 강하게 맞서 통치할 수 있었다. 1930년 후 대통령의 긴급명령 정책은 표준이 되었다. 위기는 안정화되었지만 민주적 해법은 밀려났다.

대통령 권력의 확장은 의회와 정당 체제의 계속된 약화와 함께 권력의 진공상태를 만들었다. 여기서 개별 인물들(브뤼닝, 파펜, 슐라이허)과 집단들이 불균형적이며 결국 헌법을 파괴하는 영향력을 획득할 수 있었다. 민족 사회주의자들은 대통령 독재권이라는 도구를 멋대로 사용할 수 있었고, 이는 히틀러에게 의회 해산, 수권법, 긴급명령을 거쳐 독재적 1인 지배로 가는 길을 열어주었다. 이와 함께 새로운 권력자의 유사 민주주의적 합법화 욕구가 고려되었다. 이제 민주주의의 자체 포기를 가로막는 장애물은 없었다. 국법 이론에서도 민주주의가 법을 통해 스스로 폐지될 수 있다고 보는 견해가 압도적이었다. 1933년 3월까지만 해도 다수파였던 민주주의자들과 야당의 저항 세력은 마비되었다.

바이마르헌법에는 훗날 서독이 얻었던 '바이마르로부터의 교훈'과 같이 민주적 질서를 보장하기 위한 뚜렷한 보호 메커니즘이 없었다. 그러나 히틀러의 권력 장악을 바이마르헌법의 탓으로 돌릴 수는 없었다. 히틀러는 헌법이 부여한 외양적 합법성으로부터 이익을 얻었다. 독일 의회는 1933년 3월 23일의 수권법에 동의했지만 이미 그전에 연방주들은 획일화되었고 공산주의자들은 체포되었다. 게다가 나치의 권력 장악을 야기했던 내적 조건들과 상황들 그리고 정치적, 경제적, 사회적 요인들을 간과해서는 안 된다. 경제 위기와 대량 실업, 절반은 의회제이며 절반은 대통령제인 민주주의의 취약함, 관헌 국가적 관료층, 극단적이고 전체주의적인 정치 세력의 공세는 마침내 민족사회주의 독재로 이어졌다.

독일 최초의 민주주의는 제1차 세계대전의 패배, 베르사유조약, 전쟁배상금, 세계경제 위기 등 외부적 요인과 주변적 출발 조건에서 좌초했지만 이것이 전부는 아니었다. 민주주의 자체의 구조도 변형되었기에 그 변화된 기능적 조건을 폭넓게 인정해야만 안정성을 장기적으로 기대할 수 있게 되었다. 그러나 독일에서는 그렇지 않았다. 서구의 오래된 민주주의국가에서는 이미 일상의 일부였던 것이 독일에서는 정치적 일탈, 잘못된 '비독일적' 방식으로 간주되어 오랫동안 논란거리가 되었다. 민주주의는 대중민주주의와 정당 민주주의로 바뀌었다. 그 민주주의는 정치적, 의회적 논쟁을 상이한 정치적 이해관계와 사회 계급들 간의 투쟁이 되도록 했지만 이 투쟁은 헌정적 게임의 룰을 통해 순치되었다. 이와 함께 보통선거권의 도입은 민주주의의 면모를 결정적으로 바꾸어놓았다. 국법학자 카를 슈미트를 필두로한 바이마르공화국의 많은 사상가와 비판자는 루소의 일반의지를 원용하며 인민의 의지를 여전히 유효하게 만들 수 있다고 믿었지만 인민의 의지는 더 이상 동질적이지 않았다. 미국에서는 이미 1830년대에 이른바 잭슨 민주주의를 시작으로 정당 민주주의가 자리 잡았다. 그에 따라 민주당과 공화당이라는 두 정당이 서로 대립하면서 서로 다른 정치적, 지리적 이해관계를 대변하며 전국 차원에서 권력을 두고 경쟁했다. 대의 민주주의는 경쟁 민주주의, 즉 다수제 민주주의가 되었다. 경쟁 민주주의에서는 선거에서 과반수를 획득하면 권력을 잡았고 패배한 소수는 다음 선거에서 승리하는 데 희망을 걸어야 했다. 대중민주주의에서는 정당이 정치적 의사 형성과 결정 과정을 독점하지 않더라도 상당 부분을 조직화한다는 사실이 분명해졌다. 영국에서도 일찍부터 개혁 성향의 자유주의 휘그당(지금의 자유당)과 보수적 토리당(지금의 보수당)이라는 두 진영이 하원에서 권력을 놓고 경쟁했다. 1918년 이후에는 주로 노동자 정당인 노동당과 보수당이 대립하게 된다. 독일에서는 1848년 혁명이 실패한 후 자유주의 정당들이 최초로 그리고 다수당으로서 등장했다. 하지만 그들은 의회화를 이뤄내지 못했기에 국가권력을 놓고 경쟁할 수 없었다. 의회에서 갈등하며 정책을 결정하는 데 익숙해지는 효과는 생겨나지 않았고 왕과 제국 수상 그리고 나중에는 대통령이 국가 통합을 구현했다. 여기서 정당들은 방해가 될 뿐이었다. 제1차 세계대전 전야에 독일 황제 빌헬름 2세는 독일인만 알 뿐 정당은 더 이상 모른다고 말했다. 이 경멸적인 발언은 의미심장했다. 반정당적 정서는 바이마르공화국에서 지속되었다. 그리고 1949년 독일연방공화국, 즉 서독의 기본법은 인민의 정치적 의사 형성의 협력자로서 정당을 명시적으로 우선시함으로써 반정당적 정서를 극복하고자 했다(그러나 이는 곧바로 정반대의 문제라 할 수 있는 정당 국가로 이어졌다).

민주주의가 정당 민주주의로 전환되었다는 것은 사회문제의 정치화를 의미하기도 했다. 정당은 일반적으로 사회적 갈등 상황을 정치체제 수준에서 묘사한다. 자유주의 정당은 대체로 세속주의적이며 정교분리를 주장하고 자유와 권력분립의 요구를 대변했다. 반대로 보수주의 정당은 프랑스혁명 직후와 같이 초기에는 낡은 사회 세력, 즉 봉건적, 군주제적 세력의 정치적 입장을 대변했으나 나중에는 민주화에 제동을 걸고 현상을 옹호하는 노선을 취했다. 19세기 말 기술적, 경제적 발전으로 산업사회가 사회 계급들로 분열될 위기에 처하자 노동자들은 노동조합과 사회주의 및 사회민주주의 정당으로 조직화되었다. 소부르주아와 대부르주아로 분열된 중산층은 우파 자유주의와 보수주의 정당을 중심으로 결집했다. 사회적, 경제적 계급과 집단의 투쟁이 거리에서 의회 민주주의의 기구로 옮겨졌다. 노동운동과 그 정치 조직이 그에 관여하여 의회 시스템 내에서의 진화적 변화 경로를 선택한다면 투쟁은 의회 민주주의 기구에서 배출되고 완화되고 조정될 수 있었다. 이 과정은 영국이나 미국과 같이 정치적 대변과 권력 획득의 전망이 있는 곳에서 좀더 용이했다. 1918년까지의 독일과 같이 의회 정부 체제가 부재했던 곳, 비스마르크 제국과 같이 사회주의 정당이 오랫동안 금지된 곳에서는 프롤레타리아 혁명의 비의회적 경로와 사회민주주의의 수정주의 사이에 원칙상의 갈등이 일어났다. 전자는 카를 카우츠키를 비롯해 로자 룩셈부르크와 카를 리프크네히트의 사회민주당이 옹호했다. 후자는 웹Webb 부부를 중심으로 한 영국 개혁가들의 성공을 주의 깊게 연구했던 에두아르트 베른슈타인이 독일사회민주당에 요구한 것이다. 러시아 10월 혁명과 함께 레닌은 (초기에는 트로츠키도) 의회 민주주의에 대한 사회주의적 반대 모델을 승리로 이끌었다. 이 모델은 사회주의와 공산주의 사회를 향한 다른 길, 비의회적 경로를 제시했다. 후에 바이마르공화국에서 명백히 드러났듯이 20세기 초 의회주의와 민주주의는 그 대결에서 사회적 내구성 시험을 결코 통과하지 못했다는 것이 금세 분명해졌다. 게다가 정치적 질서 형태로서의 민주주의는 좌파뿐만 아니라 우파 정치 진영에서도 의심을 받았다. 그 이전에 대체로 수용되었다고 해도 민주주의는 정치적 극단 사이에서 갈가리 찢어질 위험에 처해 있었다. 가장 명확한 사례가 바로 바이마르공화국이었다. 이탈리아가 무솔리니와 함께 그 길을 앞서 나아갔다. 지식인들은 좌파건 우파건 여기저기서 민주주의에 대한 비판을 통해 전체주의적 독재, 파시즘, 민족사회주의, 공산주의로 가는 길을 닦았다.

카를 마르크스에게 민주주의는 부르주아지 계급 지배의 표현이거나 자본주의 체제를 극복하는 수단이었다. 이러한 점에서 민주주의는 혁명적 노동자 운동에 전술적으로 유용했다. 마르크스는 《헤겔 법철학 비판》에서 취했던 초기 관점에서 벗어났다. 마르크스에게 이제 민주주의는 "진정한 국가"가 아니었다. 이미 1848년의 《공산당 선언》에서 민주주의는 프롤레타리아 민주주의로 이해되었다. 민주주의는 "프롤레타리아를 지배계급으로 승격시키는"데 유용할 수 있었다. 나중에 프리드리히 엥겔스가 짧고 간결하게 표현했듯이 민주주의는 "프롤레타리아의 원칙"이다. 이는 1871년 마르크스의 파리코뮌에 대한 분석에서 프롤레타리아의 계급 지배로 이해되었고 후에는 엥겔스에 의해 "프롤레타리아 독재"로 이해되었다. 파리코뮌의 지배 형태에 대한 마르크스의 기술은 민주주의 논쟁에서 특히 오랫동안 매력적이었다. 마르크스는 파리코뮌에서 민주적 평의회 시스템이 확립되었다고 보았기 때문이다. 파리코뮌은 파리 노동자들의 직접민주주의적이고 풀뿌리적인 지배로서 그리고 정치, 사회, 경제 질서에 대한 급진적 개입 체제로서 이해되었다. 코뮌은 입법과 동시에 행정 집행 활동을 수행하는 선출된 도시 평의회 체제다. 이로써 아테나이의 폴리스 민주주의 체제가 프롤레타리아적 토대 위에서 다시 한번 소생할 수 있을 것처럼 보였다. 마르크스에게 평의회 체제의 역사적 의미는 부르주아 자본주의 사회의 극복에 있었으며, 이를 통해 "몰수자의 몰수"가 가능해 보였기 때문이다. 평의회 체제로서의 파리코뮌은 미래 사회주의 질서의 맹아 형태가 되었다. 평의회 민주주의 방식으로 정당화된 행정부 권한과 입법부 권한의 융합은 "동시에 반대자들에 대한 정부 권력의 테러적 사용이라는 극단적 경우에까지 이르는 입법부와 행정부의 독립을 위한 관문"(만프레트 슈미트)이었다. 이로부터 19세기 사회주의 대가들의 정치 이론에서 레닌의 《국가와 혁명Staat und Revolution》과 같은 마르크스, 레닌주의 정당 및 국가정책 이론과 실천까지 그리고 1989년 혁명과 1990년 혁명으로 극복하게 된 중동부 유럽 사회주의국가의 이른바 '인민민주주의' 이론과 실천까지 연결 고리가 이어진다. 여기서 루소는 다시 한번 (현실) 사회주의적 민주주의를 위해 봉사하게 되었다. 그러나 그 주장이 전체주의적이고 그 실행이 독재적이었던 인민민주주의는 장기적으로 존속할 수 없었다. 루소에게서 공화국의 존재 이유를 구성했을 뿐만 아니라 처음부터 이미 그리스인들에게서 민주주의 정치 질서 형태를 형성하고 정당화했던 자유와 민주주의 사이의 구성적 관계를 잘못 판단했기 때문이다.

자유로운 질서 형태로서 민주주의에 대해 보수, 반동 측에서 개진된 의구심은 오랜 전통을 가지고 있으며 부분적으로는 프랑스혁명으로까지 거슬러 올라간다. 권위주의적이고 군주제적인 비판자들의 눈에 민주주의는 약하고 비효율적이며 그 자체로 분열적이고 국가를 파괴하며 반민족주의적으로 보였다. 오랫동안 이베리아반도나 라틴아메리카에서 그랬듯이 이 보수적 반동 세력이 국가권력과 결합한 곳에서는 군사독재가 민주주의 체제를 대체했다. 게다가 19세기에서 20세기로 전환기에 귀스타브 르 봉, 가에타노 모스카, 빌프레도 파레토와 같은 지식인들과 사회학자들이 민주주의 제도의 기능적 역량을 논박했다. 그들은 민주주의에서 대중이 비합리적으로 행동하며 의회나 정당 같은 민주주의 기관 역시 사회를 이성적으로 통치할 수 없다고 믿었기 때문이다. 모두 소수의 엘리트만이 지배를 행사했다는 점을 인지했다. 서술적 분석에서 규범적 처방까지 가는 데는 작은 한 걸음이 필요할 뿐이다. 대중사회에서 정치적으로 기능할 수 있는 질서를 안정시킨 것은 민주주의나 이데올로기적 신화, 정치적 일탈이 아니라 엘리트들의 지배였다. 정치 경험이 풍부한 냉철한 사람들이 의회에서 심의하고 결정하는 합리적 원칙이 아니라 조르주 소렐이 인식했듯이 거리의 계급투쟁에서 표현되는 순수한 폭력이 정치의 미래를 형성할 것이다. 선거전에서 선동가들은 의회 정부라는 민주적 게임의 룰을 전복시켰다. 선동가들은 포퓰리즘적, 반유대주의적 색채의 증오심을 동원했고 민족주의 캠페인으로 대중을 집결시켰다. 히틀러는 빈 시장 카를 뤼거가 선거전에서 포퓰리즘적이고 반유대적인 수사로 수공업자, 상인, 사무원들을 결속시키고 기존 체제에 반대하는 대중을 동원하는 것을 면밀히 관찰했다.

제1차 세계대전 이후 민족사회주의는 지식인 비판자들과 대중운동을 모두 결집할 수 있었다. 오스발트 슈펭글러, 한스 프라이어, 아르투어 묄러 판 덴 브루크, 에른스트 윙거, 카를 슈미트를 비롯한 많은 이들이 '보수혁명가'로 평가될 수 있다. 이 보수 혁명가들은 전쟁 경험을 영웅주의와 엘랑 비탈élan vital[프랑스 철학자 앙리 베르그송의 철학 용어로 '삶의 약동'이나 '생의 비약'이라고도 한다-옮긴이]의 이미지로 압축하고 반민주주의적, 반의회주의적, 반자유주의적 열정을 자유롭게 표출했다. 생활양식이자 지배 형태로서 민주주의는 나약한 것으로, 의회는 '말만 무성한 곳'으로, 자유는 퇴폐적인 것으로 폄하되었다. 보수 혁명가와 민족운동은 이후의 민족사회주의

와 마찬가지로 근본적인 사회, 경제, 정치 위기의 책임
을 손쉽게 민주주의에 떠넘겼다. 정치사상의 은밀한 아
르키메데스의 점은 민주주의에 대한 비판과 경멸이었
다. 1923년 묄러 판 덴 브루크는 여러 차례 쇄를 거듭한
저서 《제3제국Das dritte Reich》에서 바이마르공화국은 민
주주의와 마찬가지로 매우 일반적으로 서구의 세계관
에서 생겨났다고 주장했다. 그 세계관은 개인주의와 이
기주의의 정당화 철학으로서 독일 국가의 파괴를 목표
로 한다는 것이다. 그에게서만 그랬던 것은 아니지만
자유민주주의는 민족적으로 재정의된 민주주의 개념
으로 대체되었다. 그 개념은 인민과 지도자 사이의 운
명 공동체라는 표상 안에서 정당, 다원주의, 상이한 이
해관계들을 지양했다. 오스발트 슈펭글러가 이미 1919
년에 주장했던 것이 여기서 완성되는 것처럼 보였다.
"우리는 영국과 프랑스식 민주주의 형태로부터의 해방
이 필요합니다. 우리에게는 우리만의 민주주의가 있습
니다." 자유주의적 민주주의 사상에 맞선 것은 게르만
적 기원으로 소급될 수 있는 국가 이상이었다. 길은 신
분제국가로부터 권위주의 국가를 거쳐 '전체 국가'로 이
어졌다. 이 국가는 민족 공동체에 통합된 독일 인민의

국가였다. 자유민주주의를 지적, 도덕적으로 경멸하는 데서 히틀러의 '지도자 민주주의'까지 가는 길은 그리 멀지 않았다.

민주주의의 승리

제2차 세계대전 이후 서유럽의 민주주의국가들은 장기적으로 안정화될 수 있었다. 무엇보다도 이에 기여한 것은 유럽 분할의 결과로 서유럽 자유민주주의와 동유럽 사회주의, 공산주의 독재 사이에서 발생한 거대한 권력과 안보의 갈등이었다. 1947년 이후 소련의 지원을 받은 공산주의자들은 특히 동유럽 국가들에서, 특히 폭력적인 방식으로 그들의 우위를 관철할 수 있었다. 그전에 그들은 민주적 선거와 광범위한 반파시스트 연합으로, 특히 사민당과 함께 그들의 지배를 세우려 했다. 그러나 그들의 시도가 성공하지 못한 후, 가령 헝가리와 체코슬로바키아에서 금방 드러났듯이 공산주의 정권 수립을 위한 민주주의와 의회주의 경로는 포기되었다. 그 결과 '인민민주주의국가들'은 공산주의, 사회주의 정당들과 그 (강제) 동맹의 우위에 기반을 두었다.

서유럽에서는 새로운 민주국가들이 수립되고 안정화

되면서 기독교 민주주의와 사회민주주의에 의해 각인된 다당제가 형성되었다. 우익 극단주의 정당들은 파시즘과 나치즘으로 인하여 계속해서 불신을 받았기 때문에 정당 스펙트럼은 사회의 중도 부근에 집중되었다. 공산당은 오랫동안 존재했고 프랑스, 벨기에, 특히 이탈리아에서 매우 강력했지만 특히 "체제 경쟁"으로 인해 형성적 영향력을 얻지 못했다. 그와 반대로 공산당은 자유주의와 사회민주주의 세력들을 강화해주었으며 따라서 서유럽 민주주의국가들을 안정화시키는 효과를 가져왔다. 특히 그 혜택을 톡톡히 누린 것은 오랫동안 의회에서 다수당 지위를 차지했던 이탈리아와 독일의 기독교 민주주의 정당들이었다. 기독교 민주주의 정당들은 전후의 혁신이었다. 이들 정당은 그들의 확고한 기독교적 전통에도 불구하고 가톨릭 환경 역시 뛰어넘어 통합 정당이 되었다. 다른 한편 민주주의와 그 의회적 상호작용에 본질적인 정당 체제는 혁명적 사회주의의 과거를 벗어던진 사회민주주의에 의해 안정화되었다. 사회민주주의 정당과 사회주의 정당은 이제 의회 민주주의를 수용하고 번영을 창출하는 질서 원리로서의 시장경제를 발견하기 시작했다. 여기서 사회민주주의 정당들은 서독에서처럼 기독교 민주주의 정당들과 발맞추어 자본주의 경제체제를 사회국가와 복지국가의 수립을 통해 사회적으로 길들이는 데 부분적으로 성공했다. 민주주의와 자본주의를 양립시키는 것은 이런 식으로 가능했다. 오랫동안 노동자 운동의 요구이자 투쟁 개념이었던 사회민주주의는 이제 자본주의를 효율적인 만큼이나 인간적으로 형성할 수 있는 것처럼 보였다. 이와 함께 사회민주주의는 노동계급의 편입과 사회문제 완화를 통해 민주주의 수용을 강화했다. 여기에는 미국의 유럽 통합 지원 정책이 추진했던 것과 같은 시장 개방과 단일 경제권 창출 역시 크게 기여했다.

정당 체제, 시장경제, 법치국가와 사회국가, 이들이 서유럽과 북아메리카 민주주의의 안정성을 보장하는 필수 요소였다. 여기에 더하여 민주주의의 인프라는 제도적 요인과 기타 정치적, 문화적 요인에 의해 강화되었다. 서독에서 민주주의 정부 체제는 바이마르로부터의 교훈을 바탕으로 하여 현저히 안정화되었다. 건설적 불신임 투표에 의해서만 실각될 수 있는 연방 총리의 강력한 지위가 이에 기여했다. 그뿐만 아니라 정당들도 정치적 의사 형성과 결정 과정의 중재자로서 특별한 지위를 얻었다. 이로써 다른 식이었다면 너무 지나치게 대의제로 향했을 민주주의 체제에서 헌법 재판관 게르하르트 라이프홀츠가 표현했듯이 '국민투표적' 구성 요소가 기본법의 제도적 구조에 삽입되었다. 처음에는 의사 형성 과정에서 이 같은 정당의 특권화가 젊은 민주주의를 안정시켜주어야 했다. 하지만 이는 후에 공론 공간의 식민화를 야기한 정당 국가의 형성이라는 대가를 요구했다. 정당 국가에서는 '국가를 짊어진' 정당들이 주제를 결정할뿐더러 행정, 언론, 공공 기관의 관직 접근 경로를 제어하는 방법도 알고 있었다. 그러나 서독 민주주의의 새로운 제도적 구조가 사법부, 특히 연방 헌법재판소 제도와 기본권과 자유권에 대한 그 판결에서 그리고 공영 텔레비전 및 라디오 방송국과 민영화된 매체 및 여론 시장에 기반한 다원적 미디어 체제에서 강력한 균형추를 만들고 활성화함으로써 정당 지배를 제한할 수 있게 해주었다. 그러나 궁극적으로 서구 민주주의국가들은 20세기 후반에 경제적, 정치적 주변 조건들을 통해 진전된 내적, 제도적 안정성을 발전시켰다. 그뿐만 아니라 생활방식, 가치관, 정치적 방향을 둘러싼 상당한 사회적 갈등을 흡수하고 예전에 배제되거나 주변화되었던 문화적, 인종적 소수자들을 통합할 수 있게 해주는 사회 문화적 역동성도 발전시켰다. 1960년대 학생운동과 저항운동, 여성운동, 인종적·문화적 소수자 운동, 평화운동, 생태 운동이 처음에는 민주주의 체제의 실천과 제도를 모두 비판했다. 하지만 이후 그들은 의사 형성 및 결정 과정에서 영향력을 갖게 되었으며 따라서 스스로를 민주주의 체제의 일부로서 이해하고 그와 동일시할 가능성을 찾아냈다. 민주주의는 일반적으로 수용된 정부 형태가 되었을 뿐만 아니라 생활양식이 되었다.

6. 현대 민주주의의 전제와 조건

　20세기는 그 어느 세기보다 민주주의 정치체제에 대한 위협이 극적으로 드러난 시기였다. 하지만 20세기만큼 민주주의국가 형태의 승리를 보여준 세기도 없다. 민주주의 질서 흥망성쇠의 이 역설을 독일의 사례는 특별한 방식으로 보여준다. 제1차 세계대전에서의 패배 이후 바이마르 민주주의가 수립되었다. 바이마르 민주주의는 초기의 시련 끝에 짧은 안정기를 보냈지만 결국 비극적인 해체 과정을 거치면서 상상도 할 수 없었던 전체주의 독재에 자리를 내주었다. 그러나 제2차 세계대전 후, 즉 민족사회주의 정권으로부터의 해방을 의미하기도 했던 항복 후, 서독에 세워진 민주주의 질서는 스스로를 유지할 수 있었을 뿐 아니라 1949년 건국 당시에는 생각할 수 없었던 정도의 안정성과 시민들의 동의를 얻었다.

20세기 말이 되었을 때 독일의 사례는 더 이상 유일한 것이 아니었다. 1970년대에 그리스, 포르투갈, 스페인은 권위주의 체제에서 민주주의 체제로의 이행을 성공적으로 완수할 수 있었다. 라틴아메리카에는 민주주의 문민 정권이 들어섰고 한국과 대만 그리고 일부 아프리카에서는 민주화가 이루어졌다. 결국 민주화의 마지막 포괄적인 물결 속에서 중부 및 동부유럽 국가들도 민주주의로 이행했다. 헝가리, 폴란드, 체코 공화국, 슬로바키아, 슬로베니아, 발트해 연안국 그리고 발칸반도 서부에 있는 나라들에서는 서유럽 체제와 유사한 제도적 설계를 갖춘 민주주의가 수립되었다. 이른바 '아랍의 봄' 역시 근본적인 민주주의 변혁에 대한 희망을 불러일으켰다. 하지만 21세기의 두 번째 10년 차에 흐름은 바뀌었다. 중동과 북아프리카 국가들에서 이뤄진 민주화의 성과는 새로운 반민주적 경향과 마주하고 있다. 이집트에서는 선거 민주주의를 기반으로 한 권위주의적 지배 형태가 확립되었다. 리비아는 국가가 거의 붕괴되었다. 시리아 전쟁, 소위 '이슬람 국가'의 테러 활동과 난민 위기는 지정학적 재앙을 초래했을 뿐만 아니라 유럽의 기성 민주주의국가들의 민주적이고 자유로운 구조에 대한 도전으로 이어졌다. 많은 사회에서 이민 문제는 유럽연합의 민주적 회원국 내부와 회원국 간의 긴장을 고조시키고 (우익) 포퓰리즘적 반응을 야기했다. 동시에 중부 유럽 국가들, 특히 폴란드와 헝가리의 민주화 과정이 타격을 받았다. 언론 및 학문의 자유와 같은 중심 기본권이 제약되고 법치주의와 사법부 독립과 같은 중심 원칙들이 부분적으로 무효화되거나 비정부기구들의 활동이 방해받고 있다. 동유럽과 마케도니아, 보스니아 헤르체고비나, 코소보와 같은 발칸 국가들에서 민주적 전환 과정은 교착상태에 빠졌으며 다른 일부는 명확히 실패했다. 소련의 후계 국가, 특히 러시아에서 분명하게 관찰할 수 있는 것은 '결함이 있는' 또는 헝가리 정부 수반이 말한 것처럼 '비자유주의적' 민주주의로의 경향과 권위주의 재강화 경향 그리고 그에 따른 정부 시스템의 은밀한 변형의 경향이다. 튀르키예도 마찬가지 상황이다. 역사적으로 최초로 민주주의가 성문 헌법의 확고한 형태로 제정되었던 미국에서도 도널드 트럼프가 대통령으로 당선되면서 민주주의 제도와 규칙, 정치 문화가 시험대에 올랐다. 또한 세계의 많은 지역에서는 민주주의가 규칙이 아니라 예외라는 점을 간과해서는 안 된다. 중국, 사하라 남부의 아프리카, 동남아시아, 중동에서는 정부 형태로서의 민주주의가 거의 존재하지 않는다. 그리고 세계의 많은 국가, 특히 중남미와 남아프리카에서 많은 공직자가 권력을 유지하기 위해 법적 또는 비합법적 수단들을 이용해 헌법과 민주주의 규칙들을 무시하고 있다. 베네수엘라의 상황이 특히 그렇지만 아르헨티나나 브라질 같은 거대한 영토의 민주주의국가도 권위주의와 독재의 유혹으로부터 결코 자유롭지 않다. 그렇다면 무엇이 민주주의를 안정적이고 위기에 강하게 만들까?

민주주의를 위한 여섯 가지 조건

민주적 질서의 확립과 안정화를 위한 전제와 조건들에 대한 질문은 20세기와 21세기 초에 와서야 제기된 것이 아니다. 아리스토텔레스에서부터 몽테스키외와 루소에 이르기까지 서양 정치사상의 문헌에는 본질적으로 여섯 가지 답안이 반복해서 주어져왔다. 첫 번째, 정치 공동체가 너무 크지 않아서 시민들이 서로를 알고 교류할 수 있어야 했다. 소규모 공동체의 근접성은 소통, 공동 심의 및 의사 결정을 가능하게 한다. 반복해서 언급되는 두 번째 전제는 문화적 동질성이다. 자신의 세계와 타자의 세계에 관한 동일한 표상, 동일한 방향의 정치적 이해관계, 공동체에 부담을 줄 정도로 강하지 않은 차이들과 의견들, 가치관과 세계관이 정치적 일상 업무를 위한 배후 합의를 이루게 된다. 세 번째, 아리스토텔레스에서 루소에 이르기까지 사회적, 경제적 불평등이 민주주의의 정치적 문제로서 기술된다. 아리스토텔레스는 선하고 정의로운 질서의 특징은 무엇보다도 사회의 중간 계층이 강하고 정치에 결정적 영향력을 행사한다는 점에 있다고 보았다. 그리고 루소는 너무나 큰 빈부 격차, 즉 한쪽은 지나치게 사치하고 다른 한쪽은 지나치게 빈곤한 것은 정치 공동체에 도움이 되지 않는다고 생각했다. 이 세 가지 외에도 고대의 이론에서 자명하다고 전제되었고 정치사상의 공화주의 전통에서 거듭 요구되어온 네 번째 전제 조건은 시민의 덕성이다. 시민의 덕성이란 사회화나 공동의 정치적 실천을 통해서 습득되고 실행되는 태도와 행위 성향이다. 이는 시민이 피통치자로서의 그 특질 안에서 그리고 통치자로서의 그 역량 안에서 정치, 즉 공동의 시민적 용무를 할 수 있도록 소질을 부여하고 또한 역량을 제공한다. 정치적 덕성에 의해 인도되는 시민이라는 이 표상과 연결되는 것이 정치 공동체의 이익을 위해 각 개인의 이해관계를 뒤로 미룰 수 있어야 한다는 기대다.

그러나 이 네 가지 전제 조건만으로 민주주의 정치체제의 안정성이 보장되는 것은 아니다. 미국 연방주의자들이 말했듯이 잘 설계된 제도적 인프라, 능숙한 제도적 배치도 민주주의 안정을 위한 조건이다. 그리고 마지막으로 알렉시스 드 토크빌은 그 이전이나 그 후의 어느 누구와도 달리 예리하게 강력한 시민사회, 즉 자율적인 비국가적 결사체의 표현으로서 부르주아 시민사회의 기능적 요구에 주목했다. 토크빌은 1831년 미국을 방문하고 최초의 근대적 대중민주주의를 분석하면서 이 관계가 민주적 질서의 자유와 안정에 결정적이라고 판단했다.

현대의 비교 민주주의 연구는 역사적 경험과 반성으로부터 얻은 이 발견들을 확증할 수 있었다. 그러나 20세기 민주주의의 위기를 바라보자마자 이 전제들이 모든 경우에 있어서 민주주의와 민주화 과정의 충분조건으로 간주될 수 없다는 점도 분명해졌다. 민주화 과정의 성패는 항상 구체적 사정과 상황, 정치 구조와 기능,

또한 정치 행위자들의 행동에 달려 있기 때문이다. 그러나 한편으로 특정 전제들과 조건들 그리고 다른 한편으로 민주적 질서의 생성과 안정성 사이에 연관성과 상관관계가 있다는 것, 그 점을 현대의 민주주의 비교 연구는 민주주의의 기능적 전제에 대한 이론적 모델을 가지고서 매우 잘 입증할 수 있다.

민주주의의 기능적 전제

그러므로 미국의 민주주의 이론가 로버트 달과 만프레트 슈미트의 연구에 따라 민주주의를 위한 네 가지 필수 조건과 두 가지 권장 조건을 포함하는 민주주의의 기능적 전제 묶음을 제시할 수 있다. 이 가정에 따르면 네 가지 필수 조건이 충족될 때 민주주의가 정상적으로 작동할 확률은 매우 높다. 그러나 하나 이상의 조건이 충족되지 않으면 그 확률은 낮아진다. 첫 번째 조건은 군과 경찰 권한의 효과적인 민간 통제와 이를 통한 국가 행정권의 순치다. 두 번째 조건은 민주적 경과와 갈등 해결 및 타협의 발견을 지원하는 동시에 제도와 정치적 효율성의 위기 속에서도 시민들이 민주주의를 긍정적인 국가 형태로 받아들일 수 있게 하는 정치 문화다. 세 번째로 정상적으로 작동하는 민주주의는 다원적으로 배열되고 국가 통제로부터 자유로운 사회의 존재를 필요로 한다. 그 사회에는 정치, 사회, 경제의 권력 자원들이 널리 분산되어 있어야 한다. 네 번째 조건은 민주주의를 촉진하는 국제 정세 그리고 민주주의와 조화되거나 민주주의를 촉진하는 외교적 상호의존이다. 나아가 이 모델에서 필수 조건으로 간주되지는 않지만 권장 조건에 속하는 것은 개인들의 사회보장 및 제한적 국가 개입의 요구와 양립할 수 있는 시장경제적 경제 질서다. 그리고 그 잠재적으로 무한한 다양성에도 불구하고 '중첩된' 정치적 합의를 허용하는 사회 내 문화들의 다원주의도 권장 조건에 속한다. 이 정치적 합의와 함께 최소한 민주적 의사 형성 및 정치적 결정의 수용 절차에 관한 동의가 가능해진다.

민주주의와 한 국가의 국제적 편입 사이의 관계는 분명하다. 외세의 개입과 외교적 종속은 민주주의에 해로운 방향으로도, 민주주의와 조화되며 민주주의를 촉진하는 방향으로도 작용할 수 있다. 소련의 세력권이 중부 및 동유럽으로 확장되면서 체코슬로바키아, 헝가리, 폴란드 같은 몇몇 나라는 민주국가로서 자리 잡을 수 없었다. 반대로 중동부 유럽 국가들이 권위주의, 사회주의 체제에서 민주주의로 이행할 수 있었던 것은 소련의 변화와 붕괴 덕분이었다. 군사 동맹 가입을 허가하거나 유럽연합 가입 기회를 제공하는 것과 같은 국제사회의 동시적 지원은 그리스, 스페인, 포르투갈의 경우처럼 민주국가들을 내적으로 안정시키는 데 도움을 주기 위한 것이었다. 하지만 러시아의 지정학적 권력 요구로 인해 크림반도가 합병되고 동부 지역이 불안정해진 우크라이나의 사례가 보여주듯이 이러한 의도가 항상 실현될 수 있는 것은 아니었다.

미국 역시 민주주의를 저해하거나 심지어 파괴하기도 했지만 다른 한편에서 민주주의를 촉진하는 등 양방향으로 작용했다. 미국은 선거를 통해 수립된 정부를 실각시키기 위해 라틴아메리카에 여러 차례 개입했다. 경제적 이익이든 안보적 이익이든 미국의 이익을 보호하기 위한 것이었다. 가장 잘 알려진 사례는 과테말라와 칠레다[1954년 과테말라에서는 반정부 세력이 쿠데타를 일으켜 민주적으로 선출된 하코보 아르벤스 대통령을 축출했는데 그 배후에 미국의 군사 개입이 있었다. 1973년 미국은 칠레 육군 참모총장 피노체트를 앞세워 살바도르 아엔데 대통령의 사회주의 정부를 무너뜨렸다-옮긴이]. 반대로 제2차 세계대전 이후 서독과 이탈리아, 오스트리아에서 민주주의 재건을 본질적으로 촉진한 것은 미국과 영국이었으므로 민주화 과정은 "민주적으로 구성된 승전국의 총검 위에서"(슈미트) 이루어졌다고 말할 수 있다. 서방 점령국들은 민주주의의 재건을 위해 군사적 보호를 제공했으며 경제 지원 프로그램을 통해 민주화 과정을 지속적으로 지탱할 급속한 경제성장이 시작되도록 배려했다. 그러나 최근에는 아프가니스탄, 이라크, 리비아에서 있었던 것과 같은 군사 개입에 의한 정권 교체가 결코 성공적 민주화 과정을 위한 왕도가 아니라는 인식이 커지고 있다. 반대로 정권 교체가 오히려 국가 질서 구조의 붕괴를 수반하는 곳 그리고 문화적, 민족적, 종교적 차이가 큰 곳에서 정권교체는 내전과 새로운 폭력적 지배로 이어질 수 있다.

경찰 및 군사 권력에 대한 효과적 민간 통제는 민주주의의 생성과 유지를 위한 또 다른 본질적이고 명백한 조건이다. 여러 집단이 중앙적인 경찰 및 군사 권력 수단을 사용하는 곳에서는 자유롭고 공정한 선거가 극단적으로 드물게 이루어질 뿐이다. 권력자들은 대개 군사 쿠데타를 통해 그 지위를 획득한다. 과테말라, 엘살바도르, 니카라과에는 1948년과 1982년 사이에 47개의 정부가 있었다. 이 중 3분의 2는 군부를 통해 폭력적으로 구성되었거나 본질적으로 군부의 지원을 받았다. 이와 달리 코스타리카는 1950년 민주적으로 선출된 대통령이 군을 폐지한 이후 민주주의국가가 되었다.

경찰과 군의 통제가 민주주의적으로 정당화되지 못한 권력을 저지하려 하는 것이듯, 문자 그대로 다수의 지배를 뜻하는 그리스어로부터 번역된 다두정多頭政(polyarchie)은 민주주의 안정을 위한 전제다. 권력과 권력 자원의 분산은 민주주의 과정에 직접 영향을 미치거나 개인이나 파벌의 지배를 통해 민주주의를 과두제로 변형시키는 전제적 권력 집중의 위험을 방지한다. 그만큼 정치권력의 분할은 중요하지만 몽테스키외가 요구한 것처럼 자유를 보존하기 위한 전제로서 온건 정체를 수립하는 데는 결코 충분하지 않다. 연방주의자와 토크빌, 존 스튜어트 밀과 함께 사회의 폭정을 저지하는 것이 문제가 되는 것이다. 사회 내의 어떤 집단도 다른 집단과 소수자를 폭압적으로 지배할 수 있을 만큼 강력해져서는 안 된다. 민주주의에 관한 경험적 연구는 정치체제의 민주적 내용이 사회와 경제에서의 권력 자원 분배 또는 분산과 관련이 있음을 보여주었다. 말하자면 권력 자원이 많은 담지자에게 더 많이 분배될수록, 민주주의적 내용은 더 고도화된다. 권력 자원이 더 강하게 집중될수록 민주주의적 내용은 더 저급해진다. 권력의 독점은 정치 공동체의 안녕을 해치고 권력의 담지자 자신에게만 이익을 (그것도 단기적으로만) 가져온다. 아리스토텔레스가 이를 그의 정체론의 기반으로 삼았다는 사실을 고대인들은 이미 알고 있었다.

그러므로 안정적이고 정상적으로 작동하는 민주주의를 위한 전제는 사회에서의 다원성, 문화에서의 다양성 그리고 경제에서의 경쟁이다. 이 사회 영역들의 광범위한 자율성, '국가로부터의 거리' 역시 자주 언급되고 있다. 자유주의는 국가와 사회, 국가와 종교, 국가와 경제, 국가와 문화, 국가와 학문의 영역을 서로 분리하고자 했다. 그 경계는 기본권, 시민권, 자유권으로 표시되었다. 자유롭게 개화하는 사회적, 문화적, 경제적 다원주의는 자유를 보장하는 최대한의 권력 자원 분배로 이어지며 이때 전체 사회도 개인도 그로부터 최대의 이익을 얻는다는 계산이었다. 이는 당시 경제학자들만이 아니라 자유방임주의laissez-faire의 모토이기도 했다. 경제에서는 자유방임과 경쟁이 번영을 낳고 국가의 후견으로부터 자유로운 문화와 학문 영역에서는 창의성과 진보를 얻는다. 자율적 시민사회는 그 다양한 종교적 공동체와 중간에 위치한 결사체들과 함께 시민 의식을 양성하며 그와 함께 시민 자치의 정부 형태로서 민주정을 지탱하고 생기 있게 유지하는 정치 문화를 만들어낸다.

민주적 정치 문화

민주주의가 다수 시민의 지지를 필요로 한다는 데는 의심의 여지가 없다. 바이마르공화국이 실패한 이유는 그것이 민주주의자가 없는 민주주의였기 때문이다. 시민 다수가 공화국과 민주주의를 거부했고 정치, 행정, 기능 엘리트들이 공화국에 필요한 지원을 거절했다. 시민은 민주주의를 인정하고 그 제도를 신뢰해야 한다. 시민은 민주적으로 갈등 해결과 정치적 타협 발견의 절차를 수용해야 하며 최소한 그 결정을 존중할 수 있어야 한다. 시민이 더 많이 지지할 준비가 되어 있을수록 민주주의의 안정성은 더욱 뚜렷해진다. 이렇게 되면 일시적 제도 위기나 경제적 문제조차도 민주주의의 기능에 지속적 손상을 입힐 수 없다. 이것이 바이마르 민주주의가 위기로 인해 무너진 반면 미국, 영국, 프랑스와 같은 다른 민주주의국가는 전간기의 위기와 세계경제의 혼란을 무사히 견뎌낸 이유를 설명할 수 있는 유일한 방법이다. 그러나 민주주의가 장기적으로 정치적, 사회적, 경제적 과제의 극복에서 더 이상 신뢰받지 못한다면 문제가 될 것이며, 효율성 문제로 인해 정당성을 상실하게 되는 것이다.

　최근 민주화 물결 속에서 민주주의로 이행한 국가들은 상당한 문제 앞에 서 있다. 그들은 대개 동독의 경우처럼 직접적 전이의 방식으로 구 서구 민주주의의 모범에 따른 민주적 헌법과 제도를 채택했다. 하지만 그들의 정치 문화는 이행기의 다양한 위기 속에서 새로운 제도적 체계를 공고히 할 수 있을 만큼 민주적으로 보이지 않았다. 대개 구 사회주의국가나 구 공산주의 국가들의 정치 문화는 시민과 엘리트의 권위주의적 성향과 태도를 통해 뚜렷이 나타났다. 폴란드, 헝가리, 체코 공화국, 발트해 국가들처럼 시민 전통이 살아남아 재생될 수 있던 곳에서 젊은 민주주의는 지속적 안정을 위한 좋은 전망을 발전시킬 수 있었다. 하지만 최근의 발전이 보여주는 것은 민주주의 원칙의 수용과 법치국가 기본 원칙의 수용은 불가분의 관계가 아니며 정부와 일부 국민에 의해 다시 의문시될 수 있다는 점이다.

독일은 권위주의적 태도 유형이 얼마나 오래 살아남는지 그리고 민주적 정치 문화의 함양에 얼마나 오랜 시간이 걸리는지 연구할 수 있는 흥미로운 사례다. 서독에서 민주주의가 재건된 후 민주주의 연구자들이 서독의 민주주의를 안정시킬 수 있는 정치적 시민 문화를 확인할 수 있게 될 때까지 20년이 넘게 걸렸다. 시민들은 특히 긍정적 경험을 통해 민주적 정부 형태가 우수하며 다른 정부 형태보다 우월하다고 인정하는 법을 배웠다. 예전에는 결코 그렇지 않았다. 게다가 1960년대 후반이 시작되면서 참여할 준비도 제고提高되었다. 그것이 때때로 특히 학생운동과 저항운동에서 시민 불복종을 비롯한 비정통적 형태를 취했다는 사실은 문제가 되지 않았다. 오히려 그 반대였다. 저항과 참여는 장기적으로 서독 민주주의와의 동일화를 강화하는 결과를 가져왔다.

두 가지 정치적 부분 문화가 만나면서 통일 독일에 대한 민주주의적 태도에 차이가 생겨났다. 서독에서는 일반적으로 시민의 3분의 2 이상이 독일에 존재하는 민주주의를 긍정적으로 평가한 반면 동독에서는 훨씬 적은 수의 시민만이 만족하고 있는 것으로 나타났다. 그 차이는 20퍼센트에 달한다. 동시에 민주적 질서에 대한 일반적 평가도 1990년대 중반 이후 서독 지역에 비해 뒤처져 있다. 게다가 이러한 양상은 옛 동독 시민들에게만 해당되는 게 아니다. 민주주의에 대한 상대적으로 낮은 만족도는 권위주의 질서에서 민주적 자유주의 질서로 이행하는 과정에서 나타나는 일반적인 문제이다. 새로운 질서에 대한 기대치가 초기에 높았던 것이 원인이 되었다. 하지만 옛 표상 세계의 지속에서도 원인을 찾을 수 있으며 또한 자유보다 안보를 선호하며 갈등보다 합의를 우선시하고 참여적, 시민적 정치 방식보다 권위적, 위계적 정치 방식을 선호하는 데도 원인이 있다. 고통스러운 사회적, 경제적, 인구학적 격변을 동반한 급격한 정치체제 교체를 겪은 이행기 사회는 올바른 해결책을 찾으려는 때로는 힘든 민주적 투쟁, 즉 한결같은 "단단한 판자에 구멍 뚫기"(막스 베버)에 익숙해지기 위해 한 세대 이상의 적응 시간을 필요로 한다. 그리고 최근 여러 나라에서 볼 수 있듯이 격변에 관한 서로 다른 경험과 해석(예컨대 '패자'와 '승자')은 시민들의 소외와 저항, 항의와 반란으로 이어질 수 있다.

세속화, 즉 국가와 종교의 분리는 정상적으로 작동하며 안정적인 민주주의의 전제 조건으로 반복해서 언급된다. 사실 근대 국가가 내전과 종교전쟁의 결과로서 종교로부터의 제도적 분리를 이미 완수하고 세속적이며 현세적인 지배 질서를 확립했을 때만 민주주의는 발전할 수 있었다. 토머스 제퍼슨이 미국에서 엄격한 분리라고 불렀던 것처럼 분리의 벽이 어디에나 세워졌던 것은 아니다. 독일에서 국가와 교회의 분리는 우선 군주의 교회 지배권에 대항하여 관철되어야 했다. 그리고 독일에서 완전하지는 않지만 광범위하게 이뤄진 제도적 분리 그리고 동시적으로 진전된 세속화 과정이 종교와 교회가 공적 영역에 전혀 존재하지 않는다는 것을 의미하지는 않는다. 하지만 여기서 교회와 종교 공동체는 여타 비종교적 사회 집단들과 가치와 생활양식을 두고 경쟁하게 된다. 교회와 종교는 자율적 시민사회의 일부이다. 심지어 미국을 보면서, 또한 토크빌의 분석 결과에 따라, 국가와 종교의 엄격한 제도적 분리가 이루어져야 다원주의적 사회 환경 속에서 실천되는 신앙이 활력을 얻게 된다고 주장할 수도 있다.

세속화와 제도적 분리는 현대 서구 사회에는 적용되지만 대부분의 아랍 및 동양 사회에는 적용되지 않는다. 여기서 민주주의와 각각의 종교적 그리고 철학적 전통이 결합할 수 있는가에 대한 질문이 제기되어야 한다. 이른바 '아시아적가치학파'는 서양식 민주주의 구상이 종교나 고유한 철학과 갈등을 일으킨다고 보기에 그것을 직접 적용할 수 없다고 생각한다. 싱가포르, (중국에 편입되기 전의) 홍콩, 인도네시아, 태국과 같이 경제적으로 성공한 국가들은 모두 시장경제를 갖춘 나라들이다. 이제까지 그들은 반민주적이며 전제적인 자신들의 정권을 완전한 민주주의로 전환하기를 거부해왔다. 그 근거가 되는 것은 유교와 불교의 전통이다. 하지만 이는 불가항력이 아니다. 일본과 인도의 민주주의에서 어렵지 않게 볼 수 있듯이 불교와 유교, 힌두교가 그 자체로 민주주의에 적대적이지는 않다. 또한 이 종교들은 시민권 및 정치적 자유의 보장과 결합할 수 있으며 성공적 민주화를 위한 사회적 자본이 될 수 있는 가치 구조들을 강화해준다. 하지만 민주적 구조가 아니라 오히려 위계적, 권위적인 구조들을 강화하는 정치적 유교와 같은 사조들도 존재한다.

명백히 문제가 되는 것은 세속화와 민주주의에 대한 이슬람의 관계다. 무슬림과 서구적 근대의 만남은 19세기로 거슬러 올라간다. 그 결과 이슬람 사회는 세속화를 무신론과 동일시하며 '이슬람 대 비이슬람'이라는 중요한 종교적, 정치적 구별을 만들었다. 이러한 전선 형성은 오늘날까지 많은 이슬람 사회의 정치적 자기 이해를 형성하고 세속화, 국가와 종교의 분리, 자유권, 민주주의 등과 같은 '서구적' 개념에 대해 면역력을 가지게 했다. 그러나 정치적 이슬람과 민주주의의 관계에 대하여 보편타당한 진술을 할 수는 없다. 종교적 사조와 국가 질서가 너무나 다양하기 때문이다. 많은 나라에서 이슬람은 종교일 뿐만 아니라 정치체제 자체의 질서 형태이기도 하다. 이슬람 세계의 많은 사회에는 지속 가능한 근본적 민주화 과정을 촉진할 수 있는 개인적, 지적, 경제적, 정치적 자유의 전통이 결여되어 있다. 그리고 대다수의 이슬람 국가가 전제적이라는 것은 부인할 수 없는 사실이다. 그렇지만 이집트, 튀니지, 리비아에서 그랬던 것처럼 이슬람 사회에서도 민주화 과정은 나타날 수 있다. 이집트, 튀니지, 리비아의 경우 시민사회의 일부 저항세력이 전제적 또는 독재적 지배를 극복하는 데 성공했다. 하지만 이후 사회적, 인종적 갈등으로 이슬람 내 상이한 종교적 사조들 간의 경쟁이 첨예화되면서 안정적 민주주의 구조의 형성에 장애가 되었다. 이렇게 해서 전환 과정은 심각한 타격을 받았다. 이집트에서는 먼저 종교 정권이 수립된 후 군사 통치로 대체되었고 대통령 선거를 통해 확정되었다. 리비아는 민족적, 종교적 갈등으로 국가가 붕괴되었다. 오직 튀니지에서만 반⁜민주주의적 구조가 형성될 수 있었다. 국가와 종교의 분리를 확립한 초대 대통령인 케말 아타튀르크의 영향으로 세속 국가가 발전한 튀르키예와 같은 곳에서는 보수적인 종교적, 문화적 표상을 옹호하는 세력과 '근대화' 사이의 충돌이 반복적으로 발생했다. '근대화'는 사상, 집회 및 언론의 자유와 같은 기본 민주주의 원칙뿐만 아니라 인권과 시민권에 대한 존중을 주장한다. 이 세력은 2016년 군부의 쿠데타 시도로 심각한 타격을 받았다. 이후로 많은 사람이 체포되었고 기본권의 일부가 정지되었다. 야당 단체들은 축출되었으며 자유 언론들이 방해받았다. 그 결과 민주적 구조는 권위주의적 대통령제로 변형되었다.

민주주의는 다원주의적이며 개방된 시민 문화로서 존속하지만 너무 이질적이어서 더 이상 통합할 수 없는 부분 문화에 의해 그 존재가 위협받을 수도 있다. 바이마르공화국에서와 같이 시민 문화, 공산주의 문화, 민족사회주의 문화, 보수주의 문화 등 서로 다른 사회 문화가 서로 대립하면서 모두 한결같이 또는 모두 압도적으로 민주주의 정치체제를 거부하는 경우가 이에 해당한다. 여기서 민주주의는 사회적, 문화적 적대감 속에서 완전히 분쇄된다. 최근에는 새로운 유형의 도전이 제기되고 있는데 바로 다문화 이민자 사회다. 여기서는 언어, 문화, 종교, 인종, 지역 등의 특징과 관련된 상이하고 분절된 부분 문화들이 발전하고 있다. 이러한 부분 문화가 자신의 강력한 정체성을 형성하고 다른 부문 문화와 경계 지으며 정치 공간에서 자신의 차이를 인정하라고 요구할 때 민주주의는 상당한 압력과 시련에 직면하게 된다.

종교 영역에서건, 아니면 언어나 문화 영역에서건 특정 정체성을 유지하거나 과장하는 정책은 민주주의적 결정 절차에서 필연적인 협상 및 타협과 충돌한다. 문화적 차이가 큰 국가들은 각자 나름의 해결책을 모색해왔고 어떤 경우에는 그 해법을 찾기도 했다. 고전적 이민 국가인 미국은 대개 정치적 통합을 통해 문제를 해결하려 노력해왔다. 그런데도 높은 수준의 인종적, 문화적 이질성은 각 부분 문화 사이의 특수한 다문화적 갈등으로 이어졌으며 정치 무대에서도 갈등을 야기했다. 일부 갈등은 소수자를 보호하거나 후원하기 위한 특별 조치를 통해서 해소할 수 있었다. 이민 사회는 일반적으로 통합과 민주적 참여 프로그램으로 민족적, 종교적 갈등에 따른 분열을 피하려 한다. 그러나 최근의 상황이 보여주듯이 그렇게 해서 갈등의 지속 가능한 진정에 도달하리라고는 항상 확신할 수 없다. 특히 이민이 활발해지면서 서구 민주주의국가에서 두드러지는 양극화 현상이 어떻게 억제될 수 있을지는 여전히 미해결 과제이다. 특히 그 이면에는 다른 근본적 사회, 경제, 문화, 인구학적인 여타 근본적 갈등이 숨겨져 있는 것처럼 보이기 때문이다. 이러한 과정들은 현대의 위기 현상으로서 마지막 장에서 살펴볼 것이다.

민주주의와 시장경제

　민주주의의 전제와 조건에는 시장경제 질서의 존속, 적어도 국가 개입주의로부터 어느 정도 독립된 경제활동 형태가 언제나 포함된다. 그러나 시장경제와 민주주의 사이에 직접적 연관 관계가 있는지 여부는 이론적으로나 경험적으로나 논란의 여지가 있다. 한편으로는 많은 오래된 민주주의국가들이 항상 국가로부터 자유로운 것은 아니지만 그래도 자유경제를 가지고 있으며 비교적 부유하다는 데 의심의 여지가 없다. 그러나 다른 한편으로는 자본주의 시장경제는 반半민주주의 및 독재 정권에서도 찾아볼 수 있다. 이는 세계경제에서 엄청난 경제성장으로 오랫동안 '아시아의 호랑이'(태국, 싱가포르, 홍콩)로 불려온 몇몇 동아시아 국가에 적용된다. 라틴아메리카의 국가들의 경우도 마찬가지다. 칠레는 지난 군사독재 말기에 미국에서 매우 영향력 있는 자유 시장 및 통화주의학파 출신의 경제학자들인 '시카고보이즈'의 영향하에 있었다. 그리고 러시아처럼 지난 수십 년 동안 사회주의 계획경제에서 시장경제로의 이행을 수행한 나라들도 권위주의적이고 기껏해야 반半민주주의라고 부를 만한 징후 아래서 부분적으로 그렇게 해왔다.

이러한 형태의 경제는 종종 '야수 자본주의'라고 불려왔다. 예전 국영기업의 민영화로 소수만 부를 축적할 수 있었으며 법치국가적, 합법적 기준에 따라 경제체계의 전환이 이루어진 경우가 극히 드물었기 때문이다. 그와 결부된 사회경제적 왜곡은 다시 이행기 민주주의의 정치적 정당성을 크게 훼손하는 결과를 초래했다.

그러므로 자본주의적으로 조직된 민간경제와 민주주의의 관계는 최고로 양가적이라고 설명할 수 있다. 자유경제는 다른 형태의 경제활동보다 부(富)를 창출하기 용이하다. 그리고 부유함은 거의 민주주의에 대한 보장처럼 보인다. 민주주의 연구가 내세우고 경험적으로 뒷받침할 수 있는 핵심 논제가 있다. "보다 부유한 나라일수록 민주주의를 유지할 가능성이 높다." 부유한 나라일수록 국가 정체가 민주적일 가능성이 높고 전제정이 세워지거나 유지될 가능성은 낮다. 이로부터 내릴 수 있는 결론은, 선거가 존재하지만 민주적 자유는 결여되어 있는 전제적 또는 반(半)민주주의적 국가가 완전 민주주의로 변모할 가능성은 번창하는 시장경제가 오래 지속될수록 더 높아진다는 것이다. 민간경제가 창출한 경제적 부유함이 법치국가를 보장하고 정치적 공동 발언을 요구하는 중산층의 양성으로 이어진다는 가정이다. 즉 역사적으로 북아메리카나 영국뿐만 아니라 19세기 독일 등 서구 사회에서 볼 수 있었던 정치적 근대화 과정이 작동한다는 것이다. 말하자면 시장경제는 민주주의를 가능하게 하고 촉진한다.

그러나 시장경제는 민주주의를 위협할 잠재력도 가지고 있다. 우선 시장경제는 그 실행 국면에서, 또한 지속적으로 작용하는 그 역동성 속에서 민주주의와 그 제도들을 정치적으로 관통하는 사회적, 경제적 불평등을 만들어낸다. 민주적 타협의 형성 절차를 통해 중재할 수 없는 사회적 갈등들이 나타날 수 있다. 게다가 시장은 정치에서 권력 구조를 만들어낸다. 이 권력 구조는 정치에서 거부권을 행사하는 지위를 차지하여 상당한 조정 문제를 정치에 일으킬 수 있다. 그리고 마지막으로 시장경제는 그 자신의 위기를 만들어낸다. 그 내적 역동성이 투기 거품이나 "창조적 파괴"(슘페터)의 과정을 막아내는 것이 아니라 반대로 계속해서 부각시키기 때문이다. 특히 정보 통신 기술혁명으로 부상한 신경제, 탈규제화된 금융시장과 그에 기인한 은행의 파산이 이 관계를 다시 분명하게 보여주었다. 오랫동안 존재해왔고 사회적, 경제적 위기로 붕괴되지 않은 민주주의국가들은 이러한 잠재적 위험에 대처하는 법을 학습했다. 그리고 '사슬에서 풀려난' 자본주의를 시장경제적 질서로 길들이고 사회 정치적 조치들을 통해 사회경제적 후속 작용을 관리할 수 있는 메커니즘들을 개발했다. 경쟁법, 독점금지법 그리고 노동, 보건 및 환경 기준 준수를 위한 국가적 기본 질서와 규정이 이에 속한다. 실업, 연금 및 의료보험에서 사회부조에 이르는 사회 및 복지국가적 조치도 마찬가지다. 동시에 현대 민주주의국가는 통화의 흐름을 통제하기 위해 중앙은행과 같은 기관을 가지고 있으며 경제 및 금융 시스템의 자율 규제를 강화하고 감독할 초국가적 제도들을 창설했다. 민주주의국가들은 또한 경제에 대한 직접적 개입을 제한함으로써 스스로를 안정시키려고 한다. 그러나 규제적 개입을 완전히 내려놓지 않도록 해야 한다. 이러한 전제들하에서 시장경제와 민주주의는 완전히 양립할 수 있다. 긴장과 갈등으로부터 결코 자유롭지는 못하겠지만 말이다.

7. 현대 민주주의의 구조와 문제

정기적으로 치러지는 자유, 비밀, 보통, 평등 선거는 현대 민주주의의 제도적 인프라에 속한다. 이는 민주주의의 첫 번째이자 가장 중요한 제도다. 민주주의국가의 통치자는 선거를 통해서만 정당하게 결정을 내리고 실행할 수 있다. 선거가 있는 곳에는 선택도 있어야 한다. 따라서 정당 또는 유권자 모임Wählergemeinschaft[정치적 참여 의지를 가진 시민들이 자발적으로 결성하는 유권자 단체. 선거에 참여하여 후보를 내지만 정당의 지위를 갖지 않는다-옮긴이]의 후보자나 후보자 집단 간에 경쟁이 보장되어야 한다. 그외 모든 것은 박수갈채에 불과하며 민주주의 기준과 양립할 수 없다. 이런 점에서 조지프 슘페터가 내린 정의는 민주주의의 최소 정의라고 볼 수 있다. "민주적 방법은 정치적 결정에 도달하기 위한 제도의 질서다. 개인들은 인민의 투표를 얻기 위한 경쟁적 투쟁을 통해 결정권을 획득한다."

하지만 민주주의를 선거 민주주의로 정의하는 것만으로는 부족하다. 기본권과 자유권의 유효성에서 출발하는 더 까다로운 정의가 필요하다. 이 정의로부터 정보와 의견 교환, 정치 행위자들의 자유로운 소통과 상호작용의 과정을 가능하게 하는 시민적 공론의 공간이 만들어질 수 있다. 민주주의는 공공성과 투명성, 시민들의 공동 발언과 공동 행위로 존속한다. 그러므로 시민이 모든 수준의 정치체제에 참여할 수 있어야 한다는 것이 민주주의의 기본 조건이다. 이는 아테나이 폴리스 민주주의 이후 오늘날까지 변하지 않은 사실이다.

현대 민주주의는 본질적으로 한시적 위임에 기초한 대의 민주주의이다. 인민은 주로 선거를 통해 그리고 직접민주주의 제도가 존재하는 곳에서는 국민투표를 통해 자신의 의사를 표명한다. 물론 인민은 거리 시위나 여론 형성 및 의사 형성 채널 등 다른 방식을 통해서도 자신의 목소리를 낼 수 있다. 하지만 데모스는 혁명적 순간 정도를 제외한다면 정치적 일상에서 집단적 주체로서 거의 나타나지 않는다. 그러나 현대 민주주의에서도 인민주권이 정치 질서의 결정적 논증 원칙이자 정당화 원칙이라는 사실은 변함이 없다. 인민주권의 원칙이 다양한 정체 형태 및 제도적 질서들과 결합될 수 있다는 것은 역사적으로 드러났다. 1793년 대규모 영토 국가를 위해 규정된 프랑스 헌법이나 오늘날 소규모 국가, 주 및 지자체 수준(스위스, 미국)에서 실행되고 있는 집회 민주주의적 질서와 직접민주주의적 시민 참여의 형태는 인민주권의 원칙과 대의 민주주의 기구를 통해 정당화된다. 전체주의와 독재 정권 역시 역사적으로 '인민주권'의 원칙을 거듭 끌어다 댔다. 그러나 결정적 차이는 정치적 지배의 제도적 설치에 있다. 일원론적이고 실체론적인 인민주권 개념은 전체적, 독재적 질서를 지향하는 경향이 있다. 이와 달리 다원주의적이며 차이에 맞춰진 개념은 인민의 집단적 주체로서의 특성을 부정하며 오히려 서로 다른 이해관계와 가치를 지닌 개인과 집단의 다수로서 인민을 본다.

이러한 인민주권 해석은 20세기 유럽 대륙의 민주주의국가에서 관철될 수 있었지만 무엇보다도 영미식 민주 입헌 국가 발전 노선의 기초가 되었다. 입헌 민주주의는 민주적 국가권력의 행사를 서로 통제하고 연동하는 상이한 권력에 분배함으로써 인민주권을 헌법에 의해 표준화되고 제도적으로 보장된 권한 및 절차의 질서로 이전한다. 그리하여 입헌 민주주의는 인민주권 구상을 '깨뜨린다.' 여기서 인민은 한편으로는 제헌 권력 pouvoir constituant, 즉 헌법을 제정하는 권력으로서, 다른 한편으로는 제정 권력 pouvoir constitué, 즉 헌법 자체에 의해 구성되고 구속되는 권력으로서 나타난다. 이 개념은 선거, 투표, 국민 청원, 국민투표 등 시민의 직접적 정치 참여를 결코 배제하지 않지만 인민의 직접 지배권 행사는 민주적 지배의 입헌적 구속을 전제로 한다. 이 구속은 기본권 보장과 권력분립 및 법치국가 원칙으로부터 주어진다. 민주주의적 주권자는 스스로를 구속한다. 이러한 한에서 민주적 입헌 국가는 구속되지 않는 주권자를 인정하지 않는다. 기껏해야 헌법이 상징적으로 주권자의 지위를 주장할 수 있을 뿐이다.

인민의 참여와 결정의 현실

직접민주주의에서는 인민의 주권이 보다 직접 표현되는 듯 보인다. 많은 경우 직접민주주의는 대의 민주주의와 연결되어 있다. 집회 민주주의는 예외다. 그것은 스위스 몇몇 (반半)연방주에서 란츠게마인데로서 그리고 미국 일부 지역에서 타운홀 미팅으로서만 실행되고 있다. 시민의 직접 참여는 대개 지역공동체의 계획적 절차의 틀 안에서 이루어지거나 지자체의 시민 청원 및 시민 투표의 형태로 나타난다. 직접 참여의 절차는 연방으로 조직된 민주주의국가의 중간 수준(예컨대 독일에서는 연방주 수준)에서도 국민 발의, 국민 청원, 국민투표로 나타난다. 하지만 중앙정부 차원에서는 대체로 직접적 시민 참여 형태에 비해 대의 민주주의 제도가 우세하다. 예외는 이탈리아, 프랑스, 아일랜드, 덴마크, 호주, 뉴질랜드, 리투아니아, 슬로바키아, 헝가리 등이다. 이 나라들에는 특정 법률이나 헌법 개정으로 제한되지만, 인민의 직접 참여를 위한 국민투표 수단이 국가 수준에서도 존재한다.

직접민주주의의 본고장이자 많은 사람이 모범으로 삼는 곳이 스위스다. 스위스는 지방과 연방주 수준에서뿐 아니라 국가 수준에서도 직접민주주의를 확립했으며 민주주의가 자리 잡은 국가 중에서 가장 자주 직접민주주의를 시행하고 있다. 연방 수준에서 스위스의 유권자 시민은 여러 형태의 국민투표와 헌법 발의를 활용한다. 대개 국민투표에는 한편으로는 연방주와 반半연방주, 다른 한편으로는 전체 국민의 이중 다수결 원칙이 적용된다. 연방 정부 수준에서는 법률 발의 외에도 재정에 관한 국민투표 또는 조세안에 관한 국민투표가 있다. 그 효과로 연방주들은 서로 다른 조세 부담을 지게 되는데, 이는 예컨대 사회적 기반 시설에 관한 조치, 학교, 건설 기획 등과 같은 공공사업에서의 결정에 대해 시민들의 직접적 책임을 강화한다. 그럼으로써 직접민주주의 절차는 전혀 의심할 바 없이 시민의 참여 기회를 확대하며 정치체제의 통합 역량을 높이고 결정의 정당성을 보장할 수 있다. 그런데도 직접민주주의로부터 기적을 기대할 수는 없다. 경험적 조사에 따르면 실제 투표 참여는 일반적으로 낮은 수준이며 사회적으로 선택적이다. 투표에는 압도적으로 중상류층 시민이 참여한다. 또한 국민투표 절차를 이용하는 방법을 아는 것은 주로 정당과 목표를 관철할 힘을 가진 이익 및 소수 집단들이다. 의회의 야당이 자신의 목적을 위해 국민투표 절차의 이용법을 파악하고 이를 활용하여 의회 업무와 정당 경쟁을 약화시키는 모습이 관찰되기도 한다. 직접민주주의 옹호론자들이 흔히 가정하듯이 결정들이 항상 '진보적'인 것은 아니다. 대부분의 경우 현 상태가 승자이다. 국민투표가 대의제로 이뤄진 정치의 장벽을 무너뜨릴 수 있다고 경험적으로 확인되는 것도 아니다. 유럽연합에 대한 국민국가의 주권 양도가 문제된 곳에서는 국민투표가 강력하게 작용하는 것으로 나타났다. 스위스와 노르웨이 국민은 유럽연합 가입에 반대했고 프랑스, 네덜란드, 아일랜드 국민은 유럽헌법조약에 반대표를 던졌다. 영국은 국민투표를 통해 유럽연합에서 탈퇴했다. 하지만 이를 통해 영국인들의 유럽연합에 대한 태도 양극화가 해소되기는커녕 오히려 더욱 공고해졌다.

직접민주주의 수단을 가장 일관되게 확장시켜온 것은 무엇보다 비非의회 민주주의국가들이다. 정부는 의회의 신임과 무관하게 독립적으로 직무를 수행하며 다수파 정부 여당과 소수파 야당 간의 명확한 구별은 결여되어 있다. 협의 민주주의 또는 합의제 민주주의 체제에서는 모든 관련 정치 세력이 정치적 결정 층위에서 동등하게 대표되거나 모든 필수적인 결정이 합의에 따라 협상을 통해 내려지게 된다. 이에 대해 직접 민주주의는 시민의 제도로서 제도적 교정 수단을 구성할 수 있다. 독일의 많은 정치 영역에서 연방 수준의 상호 연동으로 인해 형성되어온 사실상의 합의제 민주주의에 대해서도 비슷한 주장을 할 수 있다. 말하자면 직접민주주의 절차는 강력한 정당 국가의 우위를 그리고 정치적 결정 절차에서 나타나는 대규모 단체들의 조합주의를 깨뜨릴 수 있다. 하지만 역으로 야당이 국민투표 절차를 도구화하고 국민투표로 법률을 무력화하려 한다면 결정 과정이 장기화될 수도 있다. 대의 민주주의가 의회의 의사 형성 및 결정 과정을 약화시켜 정치의 유연성을 감소시키는 곳에서 직접민주주의는 대의 민주주의와 긴장으로 가득한 관계에 있다.

정치적 공론과 미디어

데모스는 직접적이건 간접적이건 의회제나 대의제 입법의 방식으로만 정치적 무대에 등장하는 것이 아니다. 결정적이지는 않더라도 본질적인 여론 조성 및 의사 형성 과정은 정치적 공론에서 발생한다. 고대에는 시민들이 시장 광장, 아고라, 포럼에서 만나 정치와 관심사에 대해 이야기하고 상의하고 의견을 형성했다. 형성된 의견들은 그 후 어떤 식으로든, 때로는 더 많이 때로는 더 적게 정치적 결정에 받아들여졌다. 마찬가지로 중세 말

이탈리아 르네상스 시대에 독일과 유럽의 도시 공화국들에는 시청 또는 공회당의 안이나 앞에서 정치적 결정의 유형, 양식, 내용에 대해 의견을 형성하고 영향을 미쳤던 시민들이 있었다. 부르주아 사회 초기 국면에는 단골 식당의 식탁에 둘러앉은 명망가들도 그 같은 역할을 했다.

이 시민적 공론의 모델은 현대 민주주의가 수립되고 보통선거권이 관철되었다고 해서 결코 낡은 것이 되지 않았다. 시민사회 구조에 기반한 정치적 공론이 민주주의가 정상적으로 작동하기 위한 본질적인 제도적 조건이라고 보는 견해는 한나 아렌트 이후에도 여전히 존재한다. 위르겐 하버마스가 보기에 "시민사회와 정치적 공론에서 나타나 민주적 절차를 거쳐 소통 권력으로 전환되는" 것이 바로 이 소통의 흐름과 언론의 영향이다. 그에 따르면 민주주의는 비공식적 여론 조성과 공식적 의사 형성의 공동 작용, 즉 의회 밖의 사회적 영역에서 이뤄지는 신뢰할 만한 의회적, 대의제적 협력에 의존한다.

하지만 이 담론적 정치 공론의 모델은 모든 규범적 설득력에도 불구하고 경쟁 이론들만이 아니라 경험적 관찰들에 의해 거듭해서 의문시된 전제들에 의거하고 있다. 한편에서 엘리트 이론, 또한 이른바 민주주의의 경제 이론은 시민들의 참여로 이뤄지는 여론 형성적 공론의 합리성이 궁극적으로 무의미하다고 주장해왔다. 막스 베버와 조지프 슘페터에 따르면 민주주의는 엘리트와 대중 사이의 관계이며 지도부의 선택은 추종과 동의를 위한 경쟁적 투쟁의 맥락에서 이루어진다. 정당은 중앙의 매개적 지위로 진입한다. 정당은 "국민투표에 의한 지도자 민주주의"(베버) 체계 안에서 강력하게 조직된 매체이며 정당의 제1후보자는 "지도자가 되려는 욕구를 위한 배출구"(베버)가 된다. 민주주의는 리더십의 선택이다. 한 걸음 더 나아가면 인민의 의지는 여론 형성 과정과 마찬가지로 어떤 경우에도 독립적 변수가 아니라 파생된 변수일 뿐이다. 인민의 의지는 "정치 과정의 산물이지 추진력이 아니다"(슘페터). 그러나 정치 과정은 시장처럼 작동한다. 정치 서비스의 제공자는 유권자의 표를 얻기 위해 경쟁하고 정당은 이익 지향적 기업가와 같으며 유권자는 호모에코노미쿠스처럼 행동한다. 유권자는 합리적 계산에 따라 자신의 선호도에 부합하고 그 대가로 최고의 서비스를 약속하는 정치 기업가를 선택한다.

이러한 '현실주의적' 민주주의 이론은 현대 민주주의 국가의 문제와 구조적 결함을 분석하기 위한 수준 높은 경험적 증거를 가지고 있다. 그 이론은 민주주의국가가 항상 과중한 요구를 받을 위험해 처한 이유를 설명해준다. 먼저 민주적 권력을 둘러싼 경쟁자들(대개의 경우 정당들)은 유권자의 표를 최대한 확보하기 위해 공약을 내세워 서로 전력을 다해 겨룬다. 그러나 일단 취임하면 신뢰도 하락과 권력 상실이라는 대가를 치르더라도 공약의 수정은 거의 불가피해진다. 한편 유권자들 역시 정치적 대표자들에게 성과에 대한 지나치게 높은 기대와 '도덕성', 진정성, 신뢰, 지도력을 요구해 과부하를 걸기도 한다. 실망은 빠르게 시작되어 정치에 대한 환멸을 조장한다. 게다가 민주주의에는 우선 "순간의 욕구"(토크빌)를 충족시키려는 경향이 있다. 지도적 인사의 단기적 시간 지평과 빡빡한 선거 일정은 미래를 등한시하게 한다. "미래로 부담을 떠넘기는 것은 미래 준비를 손상시키고 현재의 대응 및 형성 능력을 감소시킨다"(슈미트). 민주주의는 그 문제의 상당 부분을 스스로 만들어낸다고 꼭 집어 말할 수 있다. 민주주의의 정당성 관계는 때

때로 민주주의의 효율성을 저해한다. 이것이 민주주의의 비용이다.

미디어 시스템 자체는 민주주의의 기능적 역량을 위한 중요한 제도적 요소다. 칸트가 말한 "펜의 자유", 즉 말과 이미지의 자유는 대규모 영토의 현대 민주주의 조건에서 여론이 조성되고 의사가 형성되는 공적 공간을 구성한다. 예전에는 시장이었던 것이 오늘날에는 미디어가 되었다. 이와 함께 의사소통의 조건들 또한 매우 결정적인 방식으로 변화되었다. 참석자들 사이의 대면 소통은 부재자들 사이의 익명으로 매개되는 소통이 되었다. 미디어 민주주의에서는 미디어가 공공의 의제를 설정한다. 그리고 정치는 대중에게 영향을 미치기 위해 미디어를 이용한다. 미디어 민주주의는 그에 적절한 상관관계를 시청자 민주주의에서 발견한 것처럼 보인다. 관심을 높이기 위한 수단으로서는 정치를 드라마로 연출하는 것이 안성맞춤이다. 고대 아테나이의 극장처럼 미디어는 정치를 묘사하고 극화하고 반영하는 동시에 투명하고 접근하기 쉽게 만드는 소통의 무대를 창출한다. 토크쇼라는 미디어를 통해 진부한 형태로 각색되는 논변, 입장, 인물들의 경쟁은 비록 미디어화되기는 하지만 아테나이 폴리스 민주주의 경연 정치의 원형으로 이어진다.

전통적인 시청각 및 인쇄 매체는 최근 시청자나 독자들에게서 신뢰를 잃었다. 많은 사람이 이 미디어들을 더는 신뢰할 수 없다고 생각하며 심지어 정치가 '조종'한다고 믿는다. 비판에 따르면 미디어는 시민들을 움직이는 그 무엇을 더 이상 반영하지 않는다. 친숙한 전통 미디어인 신문과 텔레비전 방송국이 이른바 소셜 미디어로 대체되고 있다. 이와 함께 정치적 소통과 공론이 근본적으로 변화하고 있다.

디지털 민주주의의 도전

'디지털' 또는 '전자' 민주주의 관점에서 보면 평등한 참여 기회에 기초한 완전히 새로운 여론 조성, 의사 형성, 의사 결정의 구조가 가능해져서 공공 소통의 구조적 결함을 극복할 수 있는 것으로 보인다. 모든 사람이 인터넷에 접속할 수 있고 그것을 상호 간의 쌍방향 소통에 이용할 수 있다는 가정하에 말이다. 이러한 방식으로 평등주의적 구조에서 아테나이의 아고라와 유사한 공공 공간이 만들어진다. 모든 사람이 참여하는 것만큼이나 완벽한 투명성은 가능해 보인다. 그러나 예를 들어 유동 민주주의liquid democracy 구상이 예견한 것처럼 참여의 모든 경계와 사회적 제한을 기술적으로 지원하여 폐지한다는 아이디어는 현실과 거리가 먼 유토피아적 발상으로 판명되었다. 모든 사람이 항상 정치적 여론 및 의사 형성 과정에 참여할 수는 없기 때문이다. 무엇보다도 모두가 인터넷에 접속할 수 있거나 인터넷을 같은 정도로 사용할 수 있는 것은 아니다. 이처럼 사회적 선택의 문제, 즉 서로 다른 사회적, 문화적 배경에 따른 불평등한 참여는 디지털 미디어의 정치적 사용에서도 지속된다. 그리고 한 가지 더 고려해야 할 것이 있다. 소셜 미디어에서 (일부는 익명으로) 정치와 정치인을 비방하고 다른 국민집단을 증오와 선동으로 공격하는 그룹과 네트워크를 관찰할 수 있다. 동시에 네트워크와 그룹은 필터버블처럼 작용한다. 그 안에서 특정한 의견과 표상이 확립되어 마치 반향실 안에 있는 것처럼 같은 생각을 가진 많은 사용자에 의해 강화된다. 자기의 의견이 유일한 진실로 간주된다. 발언은 더 이상 반론을 만나지 않는다. 그러나 공공 여론의 형성은 의견 교환에 좌우된다. 이처럼 인터넷은 민주적 공론을 근본적으로 변화시키고 있다. 한편으로 다수의 시민이 직접 반응하고 개입할 수 있게 되었다. 다른 한편 공론은 더 이상 서로 대화하기 어려운 수많은 부분 공론들로 나누어졌다. 부분 공론들은 책임 있는 여론 형성 및 의사 결정 과정에서 한데 모이기 어렵다.

의심할 바 없이 인터넷은 정치 정보를 얻는 가장 중요한 미디어의 하나가 되었다. 여기서 정보의 선택과 처리는 민주적 행위 역량을 형성하기 위한 도전이다. 디지털 소셜 네트워크는 시민을 빠르게 효율적으로 활성화하여 동원하고 캠페인을 조직할 기회를 제공한다. 새로운 풀뿌리 민주주의 운동과 저항운동(정치적으로 좌파와 우파 모두)은 처음에는 페이스북과 같은 소셜 네트워크에서 그룹으로 시작하여 그들의 관심사를 공론화하고 관심 있는 이들을 확보하여 마침내 거리와 광장에서의 행동을 위해 동원할 수 있었다. 비정부기구도 이러한 방식으로 활동 영역을 확장하고 전 세계의 주목을 받을 수 있다. 인터넷과 함께 시민사회는 행동과 참여의 새로운 형태를 얻고 있다. 하지만 온라인 커뮤니케이션이 그 자체로 더 나은 정보에 입각한 정치적 공론이나 더 많은 민주주의를 창출하는 것은 아니다. 블로그와 트위터는 선동적으로 작용할 수 있다. 이른바 소셜 봇Scoial bot, 즉 소셜 미디어에 게시물을 배치하는 자동화 프로그램의 사용은 공공 여론의 형성 과정을 왜곡하고 민주적 선거 절차의 정당성을 위협한다.

8. 민주주의는 위기일까?

고대에 민주주의가 등장한 이래로 민주주의는 비판과 때로는 적대감을 불러일으키기도 했다. 그리고 오늘날에는 '인민'을 소환하여 정치와 미디어를 근본적으로 비판하고 민주주의의 기능을 의심하는 정치 운동들이 등장하고 있다. 그러나 정치적 논쟁 외에도 민주주의의 약점과 함께 현재 민주주의가 직면한 문제를 거론하는 비판도 있다. 첫째, 민주적 의사 결정 절차가 복잡하고 투명성이 부족하다는 비판이 있다. 지자체에서 주, 국민국가를 거쳐 유럽연합에 이르는 다양한 층위의 민주주의에서는 더 이상 책임성이 인식되지 않으며 그 결과 책임을 지울 수도 통제할 수도 없다는 것이다. 둘째, 민주적 절차는 초국가적 통치 구조에 의해 중첩되는데, 민주적으로 정당화되지 않거나 불충분하게 정당화된다. 무엇보다도 그렇게 해서 국민국가와 사회적 결합에 해로운 영향을 미치는 결정이 내려진다. 셋째, 정당이 사회와 국가 사이의 매개 역할을 적절히 수행하지 못해 시민이 신뢰를 철회하고 탈당한다. 넷째, 미디어는 정치를 위한 계몽적, 구성적 과제를 더 이상 수행하지 못하며 엔터테인먼트가 정보를 대체하고 분위기가 내용을 대신하고 있다. 또한 시청각 및 인쇄 미디어는 이제 실재를 그리고 시민의 우려와 관심사를 반영하지 않는다. 그러므로 미디어는 시민에게서 신뢰를 잃고 있다. 나아가 2008년 이후 금융 위기는 한편으로는 세계적 투자자나 은행, 기업이, 다른 한편으로는 세계은행이나 세계무역기구와 같은 초국가적 체제가 세계를 '통치'하며 민주주의가 자유롭고 탈규제된 시장의 지배로 대체되었음을 보여주었다. 세계화는 국가의 국민경제를 손상하며 탈선업화를 초래하고 노동시장에 해를 끼친다. 그 결과는 사회적, 경제적 왜곡, 즉 빈부격차의 증가다. 세계화는 더 이상 정치 체계 안에서 목소리를 내지 못하는 패자를 양산한다. 마지막으로 국제적 난민 및 이주 움직임은 이민에 개방적인 세계시민주의 계급과 다른 지역으로부터의 이민을 자신의 정체성에 대한 위협으로 여기는 시민 사이에서 엘리트와 '인민'의 소외를 초래했다.

포퓰리즘 운동의 성장과 영향

포퓰리즘 운동은 종종 이러한 발전에 대한 반응으로 간주되는데, 이는 사회 분열을 심화하고 민주주의 위기를 첨예화할 뿐이다. 실제로 최근 몇 년 동안 포퓰리즘 운동의 성장이 관찰되고 있다. 남유럽의 좌파 포퓰리즘 운동은 세계화의 과잉과 세계적 기업 및 은행의 관행을 대대적으로 비판하는 동시에 '신자유주의'라고 불리는 자본 및 노동 시장의 탈규제 정책의 종식을 요구하고 있다. 이는 남유럽에서만의 일은 아니다. 저항은 또한 이 과정들에 대해 책임이 있다고 여겨진 국제통화기금이나 주요 경제 국가 회담과 같은 초국가적 체제로 향한다. 동시에 국민국가 수준에서의 민주적 결정 과정의 불투명함과 훼손(다자간 무역협정 협상에서와 같이)에 대해 비난이 가해졌다. 한편 유럽에서는 우파 포퓰리즘 운동과 정당이 점점 더 강력해지고 있다. 이들은 10년 만에 선거에서 거의 세 배의 득표율을 얻어냈고 일련의 국가들에서는 연립정부에 합류했다. 동시에 이들은 이민에 대해 비판적이며 외국인과 이슬람에 대해 적대적인 입장을 부분적으로 난폭하게 표명함으로써 사회 양극화의 강화에 기여하고 있다. 이는 자유민주주의국가들에 상당한 압박을 가하고 있다.

시민들과 '정치' 사이, 정치 엘리트와 미디어 사이가 점점 멀어지며 대의 민주주의의 균열이 드러나는 듯 보인다. 이 균열 사이를 포퓰리즘이 파고들고 있으며, 이는 다시 소외감을 강화한다. 물론 모든 포퓰리즘 수사가 민주주의를 위협하는 것은 아니다. 포퓰리즘은 때로 민주주의의 '생세포 치료요법'처럼 작용할 수 있다. 포퓰리즘은 배제되거나 뒤처지거나 대변되지 못한다고 느끼는 사람들이 목소리를 내어 다시 민주주의에 포함되게 하기 때문이다. 하지만 포퓰리즘은 대의 민주주의 구조를 불신하며 때로는 힘든 정치적 의사 형성 및 의사 결정 과정 대신 '인민의 뜻'을 직접 집행하겠다고 약속하는 정치 스타일을 전파한다. 대의 민주주의가 실현 가능한 타협안을 협상하기 위해 문화적, 사회적, 경제적, 정치적 이해관계의 다양성을 출발점으로 삼는 반면 포퓰리즘은 다양성과 갈등 관리를 '순수한' 대중의 의지를 구현하는 데 걸림돌로 간주한다. 결국 포퓰리즘은 제도의 기반을 파괴하고 대의 민주주의에 대한 신뢰를 약화시킨다. 이러한 발전의 끝에는 권위주의적 민주주의나 포퓰리즘적 민주주의 또는 두 가지가 결합되어 포퓰리즘적 하부구조를 가진 권위주의적 민주주의로서 인식되는 포스트 대의 민주주의의 형태가 있을 수 있다. 여기서 인민은 단지 박수갈채를 위해서만 필요하다.

이러한 접근 방식은 중부 및 동부 유럽에서 "비자유주의적 민주주의"[형가리 총리 빅토르 오르반이 2014년 총선에서 승리한 후 한 연설에서 등장한 말이다-옮긴이]로 알려져 있다. 동시에 다원적인 열린 사회와 소수자 권리 보호에 반대하며 '서구' 민주주의 이념을 강령적으로 공격하는 경향이 나타난다. 정치적 야당의 권리가 제한되고 자유 언론의 활동이 방해받고 있다. 기본권을 보호하고 행정부와 입법부를 법치국가의 원칙에 따라 통제하는 데 조력해야 할 헌법재판소의 권한이 축소되고 있다. 권위적 민주주의는 포퓰리즘 운동이나 정당에 의존할 수 있지만 반드시 그래야 하는 것은 아니다.

확실히 비판과 위기 시나리오는 민주주의의 우려와 문제, 위협을 표현하고 있다. 전간기 이탈리아와 독일, 스페인(1936~1939), 그리스(1965~1967), 칠레(1970~1973)의 경우처럼 민주주의의 존립을 위협하는 위기나 민주주의의 붕괴로 이어지지는 않고 있지만 말이다. 민주주의 구조의 붕괴로 끝난 이러한 위기와는 달리 오늘날 민주주의는 수많은 위기 현상에도 불구하고 여전히 높은 수준의 시민 만족도에 의해 뒷받침되고 있다. 1973년부터 2013년까지 유럽 시민의 민주주의에 대한 만족도는 줄어들지 않았다. 이것은 독일에도 적용된다. 하지만 최근 몇 년 동안 의심할 여지 없이 격변이 일어났고 그 영향은 어쩌면 이제야 특히 (우익) 포퓰리즘의 반응들에서 분명해지고 있는 것이다. 민주주의에 대한 만족도가 중기적으로 봤을 때 전반적으로 감소할 것인지, 기존 민주주의국가들이 서서히 불안정해지는 과정에 있는 것인지 아니면 저항과 우파 포퓰리즘 운동 및 정당의 성장이 특수하지만 결국 민주적으로 극복할 수 있는 문제의 표현인 일시적 현상인지 여부는 아직 분명하지 않다.

세계화와 변화하는 시민 참여

이러한 격변과 그에 따른 도전에 시장의 세계화 그리고 지역적 또는 국가적 차원에서 해결할 수 없는 문제들의 세계화가 포함된다. 이로 인해 정치적 의사 결정 구조가 근본적으로 바뀌었고 경제, 재정 및 환경 규제의 필요성이 초국가적 공간으로 이동했다. 그 결과 국민 국가적으로 조직된 민주적 행위 공간과 시간적 범위가 크게 제한되었다. 행정부는 의회를 희생시키면서 강화 되었다. 특히 위기 때 정부 간 조율을 통해 신속히 결정 이 내려지고 유럽중앙은행과 같은 초국가적 기구의 중 요성이 커졌기 때문이다. 하지만 국제 조직과 체제를 어 떻게 민주화하고 효과적으로 통제할 수 있을지는 여전 히 불분명하다. 이러한 상황은 논쟁을 불러일으켰다. 논 쟁은 민주적 주권을 초국가적 체제 또는 트랜스내셔널 transnational 체제로 이전하는 데 대한 회의론자들을 지 구적 민주화 낙관론자들과 갈라놓았고 유럽연합도 비 판의 중심으로 밀어 넣었다. 갈등을 해결하기는 쉽지 않다. 한편으로는 민주적 참여와 책임의 가능성(경제 영 역에서도) 및 민족자결권의 주장이 문제가 되고, 다른 한 편으로는 경제 세계화와 상품, 서비스, 노동 시장의 조 직이 문제가 되기 때문이다. 그러나 모든 것을 글로벌 (금융) 경제의 명령에 종속시키며 시장에 순응하는 민주 주의는 문제를 해결할 수 없다. 시장을 차단하고 외부 세계를 외면함으로써 사회적, 경제적 안녕을 모색하는 민주적 보호주의만큼이나 말이다.

세계화는 또한 현대 민주주의국가에서 사회 통합적 도구들 역시 상당 부분 빼앗아가고 있다. 전후 민주적 국민국가는 번영과 경제성장, 사회보장을 동시에 달성했다. 규제적이고 개입주의적인 국가는 사회국가적 타협을 달성하여 민주주의 정치에 대한 신뢰를 높이고 그럼으로써 민주주의 제도의 안정성에 대한 신뢰 역시 근본적으로 높일 수 있었다. 한편으로는 성장을 촉진하는 조치를 통해, 다른 한편으로는 사회정책을 통해 경제적 역동성을 촉진하는 동시에 사회 통합을 보장하는 것이 가능해졌다. 세계화 과정에서 이러한 타협은 부분적으로 해체되었다. 금융, 자본, 상품 시장은 번영했고 노동 시장은 세계적으로 경쟁력 있는 일자리와 저임금 영역의 불안정한 고용 관계 사이에서 넓게 펼쳐졌다. 동시에 국가 채무를 제한하는 정책은 보상적 사회정책 조치들에 한계를 설정했다. 오늘날 경제, 금융, 자본 시장에서의 부문별 규제의 필요성은 국가 행위자들의 강화된 협력을 필요로 하는데, 이를 시사해주는 많은 것이 있다. 민주주의국가들은 유럽연합과 같이 지역적 정치 연합으로 결합해 도전에 대처함으로써 세계화 시대에도 행위 역량을 유지하거나 재발견할 수 있다. 하지만 그러는 사이 유럽연합 자체가 비판의 초점이 되었다. 유럽연합의 우위를 점하려는 노력과 과잉 규제는 근본적 민주주의의 결핍과 마찬가지로 비난받고 있다. 하지만 여기서 간과해서는 안 되는 것이 있다. 유럽연합과 같은 초국가적 기구에서 민주적 통치는 두 기둥에 근거하는 복잡한 과정이라는 점이다. 그 첫째는 다른 가입국과 조약을 체결한 개별 국가들의 정당성이며, 둘째는 공동체적 기구(이 경우 유럽의회)의 대표를 선출하는 시민들을 통한 정당성이다. 그러나 이를 위해 장기적으로 그리고 어디에서나 시민의 동의를 얻는다는 것이 얼마나 어려운지도 명백해졌다. 많은 문제의 책임이 (번거로운 것으로 여겨지는) 유럽 정치 구조들에서 내려진 결정들에 전가되고 있다. 또한 유럽연합은 종종 잘못된 국가 발전의 대가를 치를 희생양이 되기도 한다. 시민들의 불만은 영국에서처럼 유럽연합을 떠나 개별 국가 차원의 문제 해결로 회귀하려는 국민투표의 결정으로 이어질 수 있다.

민주주의 체제의 또 다른 사회적 격변은 시민 참여 행위의 변화에서 나타난다. 사회적 선택성이 증가했으며 사회의 중상위 교육 및 소득 계층의 사람들이 사회 하위 3분의 1에 속하는 사람들보다 훨씬 더 자주 정치에 참여한다. 정치 활동이 대체로 정당과 그 일선 조직 (예를 들어 노동조합, 교회, 결사체, 청소년 및 학생 조직)에 매여 있던 50년 전보다 비관습적인 형태의 참여가 훨씬 더 자주 보인다. 사회참여 분야도 사안에 따른 제한적인 활동으로 방향이 크게 바뀌었다. 그리고 디지털 소셜 네트워크와 함께 시민의 소통 행위도 달라졌다. 소셜 네트워크는 플래시몹, 쉿스톰shitstorm[불쾌하고 혼란스런 상황을 가리키는 속어-옮긴이]과 같은 자발적 저항 행위를 조직하는 데 사용된다. 이 저항 행위들은 각각의 고유한 방식으로, 때로는 공격적이고 선동적인 방식으로 대의 민주주의에서 정치와 정치인을 제어하거나 그들에게 도전한다. 독일 저술가 베른하르트 푀르크젠Bernhard Pörksen 이 말한 인터넷상의 "다수의 네트워크 권력"은 민주주의 정치에 새로운 거대한 도전을 제기한다. 이처럼 공론 영역은 미디어의 중첩과 디지털 파편화를 통해 상당한 구조적 변화를 겪고 있으며 그 결과가 민주주의 제도에 어떤 영향을 미칠지는 아직 실제로 예측할 수 없다. 어쨌든 전 세계적 소통 그리고 주제와 의제의 급격한 변화는 대의 민주주의의 제도와 절차에서 이루어지는 중재적이고 복잡한 결정을 번거롭게 보이도록 만든다. 여기서 민주주의는 즉각적 행위 역량에 대한 기대의 압박을 받고 있다. 이 압박은 위기 국면에서는 정당해 보일 수 있지만 평상시에는 민주주의적 결정 및 타협 형성의 지루한 과정과 충돌하는 것이다.

위기와 도전 속 민주주의의 힘

그러나 현대 민주주의의 위험과 도전에 대한 의식이 비판의 척도들을 너무 크게 바꾸어서 민주주의가 지나치게 높은 규범적 기대에 노출되고 그 때문에 위기 상황에서 민주주의에 기회가 거의 주어지지 않을 정도가 되어서는 안 된다. 영국의 정치가 윈스턴 처칠이 1947년 11월 11일 하원 연설에서 했던 발언은 여전히 유효하다. "민주주의는 모든 정부 형태 중 최악이지만 그보다 나은 형태도 없다." 민주주의가 차악으로 보일 수도 있다. 하지만 민주주의는 매우 많은 장점을 겸비하고 있기에 알려진 최선의 지배 형태라고 할 수도 있다. 그 장점 중 하나가 학습 능력이다. 이 능력 덕분에 민주주의는 거대한 도전을 견뎌내고 극복하면서 위기에 강해지는 식으로 단점들을 처리할 수 있게 되었다. 민주주의는 더 이상 단순히 인민의 지배가 아니며, 따라서 옛 비판자들의 우려대로 "천민 지배"(아리스토텔레스), 타락(플라톤) , 무정부 상태(마키아벨리)로 이어질 위험에 처해 있지 않다. 현대 민주주의는 권력분립, 대의제적 의사 및 결정 형성 그리고 가장 결정적으로 법과 헌법에 기초하고 있다. 법질서에 대한 존중과 함께, 독립된 법원과 헌법재판권과 함께 현대 민주주의는 19세기 중반 알렉시스 드 토크빌과 존 스튜어트 밀이 우려한 다수의 폭정에도 대처할 수 있다. 개인과 소수가 다수에게 무조건 굴복할 필요는 없다. 다수 역시 틀릴 수 있다. 생명, 자유, 재산은 법의 보호를 받는다. 현대 민주주의에서는 개인의 자유와 민주적 자치가 조화를 이룰 수 있다. 이른바 민주주의의 역설에 대해서도 해법이 발견되었다. 민주주의를 무제한적 다수결로 이해한다면 이 다수는 민주주의를 폐지할 가능성도 있다. 민주주의국가는 자기 포기에 대해 장애물을 세웠다. 한편으로 단순 다수결은 법과 헌법의 한계에 부딪히고, 다른 한편으로 민주주의는 폭력으로든 의회적 방식으로든 간에 민주주의 폐지를 요구하는 그런 노력에 미리 대응하려 한다. 민주주의는 방어 능력을 갖게 되었다. 독일에서는 특히 바이마르의 경험 이후 그러하다.

민주주의국가는 근본적인 사회문제를 다루는 법도 배웠다. 민주주의국가는 비민주적 체제보다 국가와 사회를 더 잘 매개할 수 있다. 민주주의국가들은 그들 기관의 대표성과 대응성을 통해 사회의 문제적 상태를 다루며 일반적으로 구속력 있는 결정으로 처리하여 위험을 완화시킨다. 예컨대 사회민주주의는 '사회문제'에 대응하여 복지국가적 조치들을 개발함으로써 발전해왔다. 그렇지만 민주주의가 모든 문제를 해결할 수 있는 것은 아니다. 민주주의는 잘 조직되고 강력하게 표현된 이해관계만을 고려하고 지속 가능한 공동 이익이나 미래 세대의 관심사가 아닌 단기적 목표만을 염두에 둔다는 비난이 계속 가해지고 있다. 이는 실제로 민주주의의 아킬레스건일 수 있지만 그렇다고 해서 그 지배 형태에 대한 원칙적 반대는 아니다. 시민이 정치체제 자체를 제거하지 않고도 통치자를 제재할 수 있게 해주는 유일한 지배 형태가 민주주의이다. 민주주의에서는 한시적 지배만이 있기 때문에 정치 지도부가 바뀔 수 있다. 오늘의 야당이 내일의 정부가 될 수 있고, 소수파가 다수파가 될 수 있다. 투명성은 통제를 가능하게 하고 권력 남용을 방지한다. 서로 폭력적 수단을 취하지 않고도 갈등을 극복할 수 있다. 그리고 무엇보다도 오로지 선거와 투표로 표현된 시민의 의지만이 집단적으로 구속력 있는 결정의 산출을 뒷받침하고 정당화한다. 민주주의만이 사람들에게 의사 형성과 결정에 폭넓게 참여하여 자신의 일을 자신이 통제할 기회를 제공한다.

참고문헌

아테나이와 로마의 민주주의에 대해서는 블라이켄Bleicken, 한젠 Hansen, 마이어Meier의 연구와 킨츨Kinzl의 논문 모음집에 수록된 기고 문들을 참고했다. 에우리피데스의 긴 인용문을 가져온 헨닝 오트만 Henning Ottmann의 서술도 강조되어야 한다. 민주주의와 공화국의 개념 사는 마거Mager와 콘체Conze, 코젤렉Koselleck의 연구들을 참고했다. 현대 민주주의의 전제와 조건에 대한 경험적 분석에 대해서는 특히 만프레 드 슈미트와 볼프강 메르켈Wolfgang Merkel의 연구로부터 도움을 받았다.

Aristoteles, Politik, hg. von O. Gigon. 2. Aufl., München 1971

Blühdorn, I., Simulative Demokratie: Neue Politik nach der postdemokratischen Wende. Berlin 2013

Bracher, K. D., Die Auflösung der Weimarer Republik. Eine Studie zum Problem des Machtverfalls in der Demokratie. 5. Aufl., Königstein/Ts. u.a. 1978

Beck, U. (Hg.), Politik der Globalisierung. Frankfurt am Main 1998

Bleicken, J., Die athenische Demokratie. 4., überarb. Aufl., Paderborn u.a. 1995

___, Die Verfassung der Römischen Republik. 8. Aufl., Paderborn u.a. 1995

Blickle, P., Kommunalismus: Skizzen einer gesellschaftlichen Organisationsform. Bd. 1: Oberdeutschland, Bd. 2: Europa.

München 2000

Bobbio, N., Die Zukunft der Demokratie. Berlin 1988

Bodin, J., Sechs Bücher über den Staat, hg. von G. Niedhart. Stuttgart 1976

Cicero, M. T., Vom Gemeinwesen, hg. von K. Büchner. Stuttgart 1979

Conze, W./Koselleck, R.u.a., Art. Demokratie, in: Brunner, O./ Conze, W./Koselleck, R. (Hg.): Geschichtliche Grundbegriffe. Historisches Lexikon zur politisch-sozialen Sprache in Deutschland. Bd. 1. Stuttgart 1984

Crouch, C., Postdemokratie. Frankfurt am Main 2008

Dahl, R. A., Democracy and its Critics. New Haven/London 1989

___, On Democracy. New Haven/London 1989

Diamond, L./Plattner, M. F. (Hg.), The Global Resurgence of Democracy. Baltimore/London 1996

___, The Global Divergence of Democracies. Baltimore/London 2001

Dunn, J. (Hg.), Democracy. The Unfinished Journey. Oxford 1992

Finley, M. I., Antike und moderne Demokratie. Stuttgart 1987

Fraenkel, E., Deutschland und die westlichen Demokratien (1964), 7. Aufl., Stuttgart 1979

Hamilton, A./Madison, J./Jay, J., Die Federalist-Artikel, hg. und übers. von A. u. W. P. Adams. Stuttgart 1994

Hansen, M. H., Die Athenische Demokratie im Zeitalter des Demosthenes. Struktur, Prinzipien und Selbstverständnis. Berlin 1995

Hobbes, T., Leviathan, hg. von I. Fetscher. Frankfurt am Main 2000

Huntington, S. P., The Third Wave. Democratization in the Late 20th Century. Norman/London 1991

Jehne, M. (Hg.), Demokratie in Rom? Die Rolle des Volkes in der Politik der römischen Republik. Stuttgart 1995

Kielmansegg, P. Graf, Volkssouveränität. Eine Untersuchung der Bedingungen demokratischer Legitimität. Stuttgart 1977

___, Die Grammatik der Freiheit. Acht Versuche über den demokratischen Verfassungsstaat. Baden-Baden 2013

Kinzl, K. H. (Hg.), Demokratia. Der Weg zur Demokratie bei den Griechen. Darmstadt 1995

Kriele, M., Einführung in die Staatslehre. Die geschichtlichen Legitimitätsgrundlagen des demokratischen Verfassungsstaates. Hamburg 1975

Leibholz, G., Das Wesen der Repräsentation und der Gestaltwandel der Demokratie im 20. Jahrhundert. 3. Aufl., Berlin 1966

Levitsky, St./Ziblatt, D., How Democracies Die. What History Reveals about our Future. New York 2018

Lijphart, A., Patterns of Democracy. Government Forms and Performance in Thirty-Six Countries. New Haven/London 1999

Locke, J., Zwei Abhandlungen über die Regierung, hg. von W. Euchner. Frankfurt am Main 2000

Machiavelli, N., Discorsi: Gedanken über Politik und Staatsführung, übers. v. R.Zorn. 2. Aufl., Stuttgart 1977

Mager, W., Art. Republik, in: Brunner, O./Conze, W./Koselleck, R. (Hg.): Geschichtliche Grundbegriffe. Historisches Lexikon zur politisch-sozialen Sprache in Deutschland. Bd. 5. Stuttgart 1984

Meier, Ch., Die Entstehung des Begriffs «Demokratie». Vier Prolegomena zu einer historischen Theorie. Frankfurt am Main 1981

Meier, U., Mensch und Bürger. Die Stadt im Denken spätmittelalterlicher Theologen, Philosophen und Juristen. München 1994

Merkel, W. u.a. (Hg.), Defekte Demokratie. Bd. 1, Opladen 2003. Bd. 2. Wiesbaden 2006

___, Ders. u.a. (Hg.), Demokratie und Krise. Zum schwierigen Verhältnis von Theorie und Empirie. Wiesbaden 2015

___, Nur schöner Schein? Demokratische Innovationen in Theorie und Praxis. Hg. Otto Brenner Stiftung. Frankfurt am Main. 2015

Möllers, Chr., Demokratie. Zumutungen und Versprechen. Berlin 2008

Montesquieu, Ch. L. de S., Vom Geist der Gesetze, hg. von K. Weigand. Stuttgart 1994

Mounk, Y., Der Zerfall der Demokratie. Wie der Populismus den Rechtsstaat bedroht. München 2018

Müller, J.-W., Was ist Populismus? Ein Essay. Berlin 2016

___, Das demokratische Zeitalter. Eine politische Ideengeschichte Europas im 20. Jahrhundert. Berlin 2013

Nolte, P., Was ist Demokratie? Geschichte und Gegenwart. München 2012

Ottmann, H., Geschichte des Politischen Denkens. Die Griechen. Bd. 1/1: Von Homer bis Sokrates. Bd. 1/2: Von Platon bis zum Hellenismus. Stuttgart/Weimar 2001

Polybios, Geschichte, hg. von H. Drexler. Düsseldorf 1995

Przeworski, A. u.a., Sustainable Democracy. Cambridge 1996

Rosanvallon, P., Demokratische Legitimität. Unparteilichkeit – Reflexivität – Nähe. Hamburg 2010.

Rousseau, J.-J., Vom Gesellschaftsvertrag oder die Grundsätze des Staatsrechts, hg. von E. Pietzcker/H. Brockard. Stuttgart 1991

Saage, R., Demokratietheorien. Eine Einführung. Wiesbaden 2005

Sartori, G., Demokratietheorie. Darmstadt 1992

Schmidt, M. G., Demokratietheorien. 5. Aufl. Wiesbaden 2010

Schumpeter, J. A., Kapitalismus, Sozialismus und Demokratie (1942). 3. Aufl., München 1972

Tocqueville, A. de, Über die Demokratie in Amerika. München

1987

Vorländer, H., Wenn das Volk gegen die Demokratie aufsteht:
Die Bruchstelle der repräsentativen Demokratie und die
populistische Herausforderung, in: Vielfalt statt Abgrenzung.
Wohin steuert Deutschland in der Auseinandersetzung um
Einwanderung und Flüchtlinge? Hrsg. Bertelsmann Stiftung.
Gütersloh 2016, S. 61~76

___, Krise, Kritik und Szenarien. Zur Lage der Demokratie, in:
Zeitschrift für Politikwissenschaft, 2/2013, S. 267~278

___, Der Wutbürger – Repräsentative Demokratie und kollektive
Emotionen, in: Ideenpolitik: geschichtliche Konstellationen
und gegenwärtige Konflikte. Hg. Harald Bluhm u.a. Berlin
2011, S. 467~478

___, The good, the bad, and the ugly. Über das Verhältnis von
Populismus und Demokratie – Eine Skizze, in: Totalitarismus
und Demokratie. Zeitschrift für Internationale Diktatur- und
Freiheitsforschung, 8/2011, S. 187~194

___, Die Verfassung. Idee und Geschichte. 3. Aufl., München 2009

옮긴이의 말

　사전적 정의에 따르면 민주주의는 "국민이 권력을 가지고 그 권력을 스스로 행사하는 제도. 또는 그런 정치를 지향하는 사상"(표준국어대사전)이다. 하지만 민주주의만큼 논란의 여지가 많고 그 의미가 다양하게 해석되는 개념은 별로 없는 것 같다. 상이하고 다양한 정치적 조류들이 민주주의를 각자의 관점이나 이해에 따라 전유하여 사용하고 있다. 가령 최하위 수준의 민주주의 지수를 기록하고 있는 심각한 독재국가들조차 그 정치체제를 민주주의로 표기할 정도다. 이런 의미에서 민주주의는 여전히 정치적 해석과 관계된 투쟁의 장에 속한 개념이다.

　이와 별개로 최근 민주주의의 색이 바래어지고 있으며 민주주의가 위기를 맞았다는 데는 이견이 없는듯하다. 미국의 비정부 기구 프리덤하우스의 보고서 《세계의 자유 2023》(2023년 3월)에 따르면 세계의 자유와 민주주의는 17년째 쇠퇴하고 있다. 21세기 들어 가속화된 세계화의 물결은 지구적 차원의 경제 양극화를 수반했으며 경제 성장으로부터 소외된 다수 인구의 광범위한 불만을 야기했다. 이는 미국과 유럽 사회에서 이민과 다문화에 대한 불만과 결합하여 기존 정당 체제와 거버넌스 시스템에 대한 불신을 확산시켰으며 민주적 대의제에 도전하는 선동적 우익 포퓰리즘에게 제도권 정치에 자리 잡을 공간을 마련해주었다. 민주적 제도와 정당은 사회적 신뢰를 잃고 있으며 정치적 숙의와 합의는 점점 더 어려워지고 있다. 그 결과는 당연히 민주주의와 법치주의의 퇴행이다. "극단의 시대"가 저물어가던 1989년, 자유민주주의의 승리를 단언하며 "역사의 종말"을 선언했던 프랜시스 후쿠야마조차 2017년에 이르러 민주주의의 퇴행에 대해 우려하지 않았던가.

민주주의의 현실에 관한 이 같은 우려가 한국 사회를 비껴가는 것은 아니다. 진영 논리에 따른 정치적 양극화의 심화, 정치권의 강 대 강 대치, 검경의 정치적 중립성 훼손, 언론 및 표현의 자유 침해 등 최근 한국 민주주의의 후퇴를 가리키는 징후들은 다양하다. 스웨덴의 민주주의다양성연구소가 발표한 《민주주의 순위》에서 2021년 17위였던 한국의 순위는 지난해 28위로 떨어졌다. 영국 《이코노미스트》지의 "민주주의 지수" 조사에 따르면 2022년 한국의 순위는 24위로서 2021년의 16위에서 여덟 계단 하락했다.

물론 민주주의가 후퇴하고 그 정당성이 의심받는다고 해서 민주주의의 원칙들을 포기할 수는 없다. 처칠의 말마따나 민주주의는 적어도 지금까지 시도된 다른 정부 형태보다는 나은 정부 형태인 것이다. 게다가 "민주주의는 결코 최종적 성취가 아니다. 그것은 지칠 줄 모르는 노력에 대한 요구다"(J. F. 케네디). 민주주의의 모든 질병은 어쩌면 더 많은 민주주의에 의해 치료될 수 있을지 모른다(A. 스미스).

《민주주의》의 저자 한스 포어랜더 역시 민주주의가 항상 위협받고 도전받았으며 늘 쟁취되고 유지되어야만 했다고 말한다. 특히 민주주의가 어느 다른 정치 질서보다도 많은 전제와 조건을 필요로 하기 때문에 그렇다.

드레스덴공대의 정치 이론 연구자인 포어랜더의 이름은 독일의 우익 포퓰리즘에 대한 그의 연구를 통해 국

내에 알려진 바 있다. 《민주주의》에서 포어랜더는 현대 민주주의가 마주한 도전과 위기 상황을 성찰하기 위해 역사의 여정에서 구성되어온 민주주의의 이상과 가치들을 검토한다. 저자는 민주주의 개념이 고대 그리스에서 최초로 탄생한 후 현대에 이르는 시간의 흐름 속에서 어떤 변화를 경험하며 어떻게 수용되어왔는지를 기술하며 민주주의를 구성하는 주요 요소들, 민주주의를 위한 전제와 조건, 민주주의의 기회에 관해 논의한다. 민주주의에 대한 개념사적, 사상사적 개관이 민주주의 정치 질서 모델의 기능을 위한 역사적, 체계적 전제 조건들을 설명하고 민주주의의 내적인 문제들과 발전 가능성을 알려준다.

포어랜더는 특히 우리 시대 민주주의의 다양한 문제들에 많은 지면을 할애한다. 1989, 90년에 시작되었던 민주주의의 호황기는 지나간 지 오래다. 자본시장의 세계화, 디지털화의 촉진과 미디어 환경의 변화, 민주적 공론 영역의 재편, 포퓰리즘적 기대와 소외 등의 현상이 현대의 대의 민주주의 체제에 대해 의문을 제기하며 도전해오고 있다. 하지만 포어랜더는 민주주의가 이러한 도전에 굴하지 않을 것이라며 민주주의의 미래를 낙

관한다. 민주주의는 우리에게 알려진 최선의 통치 형태이며 매우 많은 장점을 가지고 있다. 특유의 학습능력 덕분에 민주주의는 거대한 도전을 견뎌내고 극복해낼 수 있었다. 무엇보다도 시민들이 정치체제를 유지하면서도 정치에 참여하여 통치자를 제어할 수 있게 해주는 유일한 지배 형태가 민주주의이다.

《민주주의》에서 포어랜더가 개관한 민주주의의 개념사 그리고 민주주의의 기능과 작동 조건에 관한 분석은 민주주의에 대한 보다 깊이 있는 이해를 독자에게 제공해줄 것이다. 다른 한편 민주주의의 현실에 대한 그의 진단과 민주주의의 미래에 대한 그의 전망은 민주주의에 대해 다시 한번 숙고하고 성찰하는 계기를 마련해줄 수도 있을 것이다. 민주주의의 위기가 운위되는 시기에 민주주의에 대해 변함없이 보여주는 신뢰와 애정이야말로 이 책의 진정한 미덕일지도 모르겠다. 《민주주의》가 누군가에게 우리 시대의 민주주의에 대해 성찰하는 작은 계기가 되어준다면 옮긴이에게는 큰 기쁨이다.

《민주주의》의 번역을 제안하고 맡겨주신 북캠퍼스 이원석 대표님께 감사드린다. 그의 신뢰와 인내 덕분에 《민주주의》가 탄생할 수 있었다.

민주주의
역사, 형식, 이론

초판 1쇄 인쇄 | 2023년 8월 25일
초판 1쇄 발행 | 2023년 9월 4일

지은이 | 한스 포어랜더
옮긴이 | 나종석
발행인 | 이원석
발행처 | 북캠퍼스

등록 | 2010년 1월 18일 (제313-2010-14호)
주소 | 서울시 마포구 양화로 58 명지한강빌드웰 1208호
전화 | 070-8881-0037
팩스 | (02) 322-0204
전자우편 | kultur12@naver.com

편집 | 신상미
디자인 | 이경란
마케팅 | 임동건

ISBN: 979-11-88571-19-2 (04080)
       979-11-88571-18-5 (set)

이 도서의 국립중앙도서관 출판시도서목록(CIP)은 서지정보유
통지원시스템 홈페이지 (http://seoji.nl.go.kr)와 국가자료공
동목록시스템(http://www.nl.go.kr/kolisnet)에서 이용하실
수 있습니다.